통증 없는 직장생활

통증 없는 직장생활

안병택 · 최한솔 지음

아프지 않고 즐겁게 일하는 방법

M75.1
회전근개 증후군

M50.1
신경뿌리병증을 동반한
경추간판장애

M77.0
내측 상과염,
외관절융기염

G56.0
손목터널증후군

라라

산업재해(이하 '산재')

노동자가 일하는 중에 발생하는 부상, 질병, 또는 사망을 의미합니다. 출퇴근 중 사고나 장기간 반복 작업으로 인한 질병에 이르기까지, 산재보험을 통해 치료비 등 다양한 급여지원을 받을 수 있습니다.

근골격계 통증

반복적이거나 무리한 동작으로 발생하는 신체 통증으로, 주로 목, 허리, 어깨, 팔, 손목 등에 나타납니다. 적절한 관리와 휴식을 취하지 않으면 만성화될 수 있어 예방이 중요합니다.

오늘도 일하는
당신의 몸은
안녕하신가요?

산업재해 예방은 사용자, 노동자 모두에게 이롭다

유통 창고에서 일하다 높은 곳에서 무거운 물품이 적재된 파레트가 발에 떨어져 다발성 골절로 수술한 40대 초반 남성, 약 3m 높이에서 사다리를 타고 작업하다 떨어져 경추 레벨 완전 척수 손상으로 평생 누워 재활로 삶을 유지하는 50대 중반 남성, 크리스마스 전날 밤에 깜빡 놓고 온 서류를 찾으러 탔던 엘리베이터가 추락해 흉추 레벨 불완전 척수 손상된 30대 중반 여성은 예기치 못한 산업재해로 삶이 송두리째 바뀌었다.

누구나 일하는 동안 크고 작은 산업재해를 경험하게 된다. 산업 현장에서 손목에 늘 보호대를 차고 있고, 어깨를 올리지 못하는 몸이 되는 사례도 흔하다. 고질적인 허리 통증으로 정기적으로 병원을 찾는 이들도 있다. 일터에서 수없이 많은 제품을 다루며 가족들은 건사했지만, 내 몸은 지키지 못한 노동자가 너무 많다.

직장생활은 우리 삶에서 많은 시간을 차지한다. 그 시간 동안 누구나 예외 없이 산업재해에 노출된다. 큰 사고 앞에서는 모두 놀라고 회복을 위해 노력한다. 하지만 작은 부상이나 근육통은 종종 무시되거나 숨겨지기 일쑤다. 결국 몸이 아파도 이를 드러내지 않고 참고 일하다가 오히려 병을 키운다. 여전히 일터로 출근하는 많은 사람이 고통받는 이유 중 하나다.

아픈 직장과 노동자들이 많은데, 이를 잘 알고 대처하는 직장과 노동자는 극히 드물다. 산업재해는 여전히 높은 벽처럼 느껴진다. 산업재해에 대한 오해가 만연하고, 복잡하고 어렵게만 느껴진다. 더 큰 문제는 산업재해 승인 여부와 상관없이 노동자들이 겪는 고통은 끝나지 않는다는 점이다. 이미 시작한 통증을 견뎌내고 치유하는 과정은 또 다른 과제로 남는다. 노동현장에서 산업재해 노동자를 돕는 노무사와 산업재해로 고통받는 환자를 재활하는 물리치료사가 합심해서 책을 쓴 이유이다.

이 책을 통해 무엇보다 예방을 강조하고 싶다. 우선 통증이 발생하지 않도록 예방하는 것이 핵심이다. 일터에서 통증이 생겼을 때, 아픔을 불러오는 상태·업무·질환을 인식하면 예방법을 찾을 수 있다. 또한 근골격계질환을 예방하고 관리하는 데 도움이 되는 운동을 담았다. 적절한 예방·관리법은 적은 노력으로 큰 통증을 피할 수 있다.

나아가 산업재해에 대한 올바른 이해가 노동자, 사용자 모두 마음 편히 이야기할 수 있는 환경을 만들어준다고 믿는다. 산업재해를 제대로 알면 우리는 일터의 통증을 숨기지 않고, 필요한 도움을 요청하는 용기를 가질 수 있다. 사업자는 노동자의 건강과 안전을 위해 더 노력해서 쾌적하고 안전한 일터 환경을 만들 것이다.

이 책은 통증을 겪고 있는 직장과 노동자가 함께 산업재해를 예방하고 통증 없는 직장생활을 위한 안내서이자 예방서다. 운동 전 준비운동을 통해 부상을 방지하고, 통증 발생 후 운동은 재활을 위해 꼭 필요하다. 이 책이 그런 운동 역할을 하기를 바란다. 앞으로 통증 없는 직장생활을 어떻게 만들어갈지 함께 고민을 시작하고, 전환점을 만드는 데 작은 도움이 되기를 희망한다.

Contents

Step. 1 체험, 산재 현장은 싫다

Step. 2 산재, 범위를 알면 두렵지 않다

근골격계 산재의 기준

5분 만에 통증을 리셋하는 예방관리법

1. 뻣뻣한 목을 부드럽게

후두하근 풀기 | 목 굴곡 근육 늘리기 | 수건으로 목 관절 신전 운동 | 목 회전 근육 늘리기 | 견갑거근 늘리기 | 목 맥킨지 신전 운동 | 목 근육 네 방향 안정화 운동

2. 구부정하고 뭉친 어깨를 말랑말랑하게

둥근 어깨를 뒤로 돌리기 | 가슴 근육 풀고 늘리기 | 어깨 외회전 운동 | 흉골근 풀기

3. 지긋지긋한 팔꿈치(엘보우) 통증을 줄이기 위해

팔꿈치 굴곡 근육 풀고 늘리기 | 팔꿈치 신전 근육 풀고 늘리기

4. 약하고 뭉친 손과 손목을 위해

손 근육 풀기 | 손목 근육 풀기 | 손가락 굴곡 근육 늘리기 | 수근관 증후군 예방하기

5. 튼튼하고 강한 허리, 골반을 위해

허리 맥킨지 신전 운동 | 골반 경사 조절 운동 | 고관절 펴기 | 허리 옆구리 늘리기 | 허리 크게 돌리기

6. 부드럽고 유연한 고관절을 위해

장요근 늘리기 | 대퇴직근 늘리기 | 고관절 내전근 늘리기

7. 평생 잘 걷는 강철 무릎을 위해

슬개골 네 방향 움직이기 | 슬개건 풀기 | 햄스트링과 종아리 늘리기 | 미니 스쿼트

8. 붓기 없는 종아리와 안정적인 발목을 위해

종아리 근육 풀고 늘리기 | 발목 360도 돌리기 | 발목 바깥 인대 풀기 | 한발 서기

체험,
산재 현장은 싫다

1

우리는 매일
통증과 만난다

체험 삶의 현장

어릴 적 가족이 함께 모여 보던 TV 프로그램 중에 〈체험 삶의 현장〉이 있었다. 제목 그대로, 연예인이나 유명 인사들이 노동자의 '삶의 현장'을 찾는다. 출연자는 한 번도 해보지 않은 노동을 '체험'하고 그 날의 일급을 기부한다. 이 프로그램은 무려 18년 4개월 동안 방영되었고, 배우, 가수, 개그맨, 그리고 전직 대통령까지 출연할 정도로 인기가 높았다. 총 3,836명의 유명 인사가 2,508곳의 일터를 찾았다.

이 프로그램은 방송위원회가 뽑는 좋은 프로그램으로 선정되기도 했다. "유명 인사들이 소박한 이웃들의 노동 현장에서 대리경험을 통해 땀의 소중함과 일의 보람을 직접 체험해 보며 우리 사회의 화합과 삶의 참된 의미를 일깨우는 점**이 높이 평가됐기 때문이다.

확실히 이 방송의 매력은 나와 이웃의 일터에 유명인들이 찾아온다는 것에 있다. 게다가 그들이 익숙하지 않은 노동 앞에서 실수를 연발하는 모습은 재미와 흥미를 더해주었다. 특히 여기저기 몸의 통증을 호소하며 얼마나 힘들었는지 소감을 전하는 모습은 사람들의 눈길을 잡기에 충분했다. 종일 쪼그려 수박을 수확하는 유재석과 지석진, 그리고 콘크리트를 쏟아내는 고가 대교 공사현장에서 힘겹게 일하는 이병헌의 모습은 일터의 생생함을 전해주었다. 사람들은 '노동 현장'에서 유명인들이 호되게 고생하는 모습을 보고 단순히 재미있어하는 것만은 아니었다. 당연하게 여겨지던 우리 삶의 노동이 얼마나 대단한 것인지 새삼 깨닫기도 했다.

통증을 체험한 스타들

우리는 일상에서 수많은 노동에 의지하며 살아간다. 하지만 이웃하는 노동을 들여다보는 일은 쉬운 일이 아니다. 우리에게 다가오는 수많은 제품이나 서비스가 얼마나 많은 노력과 수고를 거쳐 오는지 알기 어려운 것이다. 그런 면에서 〈체험 삶의 현장〉은 좋은 프로그램이었다. 온 가족이 모여 노동의 현장을 엿보

● "이달의 좋은 프로 체험, 삶의 현장", KBS뉴스, 1996.09.23.(검색일: 2024.02.24.)(URL: https://news.kbs.co.kr/news/pc/view/view.do?ncd=3766232)

는 기회를 제공해주었기 때문이다.

방송국 카메라는 일터의 모습과 생생한 노동의 경험담을 담아냈다. 출근하는 사람들만 볼 수 있었던 일터의 풍경, 유명인들의 일그러진 표정과 지친 모습, 그리고 그 위로 흐르는 땀방울까지 볼 수 있었다.

그런 노동의 과정을 들여다보고 나면 주변이 달리 보인다. 배우 이병헌이 "고소공포증이 느껴지지 않을 정도로 힘들었다."라고 고백한 장면은 매일 출퇴근길에 이용하던 고가대교를 다시 보게 만들었다. 무대에서 수박을 종일 나르고 휘청거리던 지석진과 유재석의 상세한 일터 이야기가 더해지면 수박 한 조각의 맛이 달라졌다.

삶의 현장이 결코 쉽지 않기 때문이다. 3,800명이 넘는 출연자 중 삶의 현장이 쉬웠다고 말한 이는 한 명도 없었다. 우리 삶을 지탱하는 이웃의 노동이 얼마나 대단한 것인지 이야기하느라 바빴다. 그들이 얼마나 힘들고 아팠는지, 우리 사회에 그 노동이 얼마나 필요한지를 열심히 설명하는 데 비해 받은 일급이 턱없이 작게 느껴질 정도였다.

누군가는 겨우 하루 일하고 온몸이 아프냐며 출연자에게 핀잔을 주기도 했다. 하지만 시청자들은 알고 있었다. 일하는 사이 흐르는 땀방울과 저절로 나오는 신음은 결코 남의 일이 아니라는 것을 말이다. 일터에서 느꼈던 통증이 자연스럽게 떠오르기 때문이다.

스타들도 마찬가지였다. 늘 가까이 있었지만 처음 찾는 일터에서 통증을 마주할 수밖에 없다. 많은 사람들이 지켜보는 방송 속에서, 설령 유명인사에게 더 많은 안내와 배려가 제공되더라도 노동의 어려움은 결코 변하지 않는다. 단지 통증에 익숙한 숙련자와 익숙하지 않은 초보자의 차이가 명확히 드러날 뿐이다. 출근에서 퇴근까지 쉴 새 없이 움직이는 사이 근육통이 생기고, 다음 날 파스 냄새를 잔뜩 풍기며 출근한 기억이 한 번쯤은 있을 것이다. 누구에게나 '노동'의 '처음'은 고되고 힘들다. 그리고 그 어려움은 늘 통증으로 드러난다. 누구나 아플 수 있다.

통증 없는 일터가 없다

방송에서 비추어진 것처럼, 삶의 현장은 통증을 버텨내며 지켜지고 있다. 때로는 이 통증이 훈장처럼 여겨지기도 한다. 비로소 통증이 있어야 "일을 제대로 했구나." 하고 인정받기도 한다. 통증의 관문을 지나온 숙련자는 대견해 하며 며칠이면 익숙해질 것이라고 조언한다.

출연자나 삶의 현장을 지키는 노동자들이 가장 많이 호소하는 통증은 근골격계 통증이다. 손과 발, 다리 부위 근육통부터 허리나 무릎의 통증까지 누구 하나 근골격계 통증을 빼놓지 않는다. 마치 방송에 담긴 모든 일터에 근골격계 통증이 존재하는 것처럼 보일 정도다.

허리 디스크나 목 디스크에서 오는 통증이 가장 흔하다. 어느 일터에나 디스크를 호소하는 노동자가 있다고 해도 과언이 아니다. 광범위한 일터에서 디스크가 발견된다. 수없이 허리를 굽혔다 폈다 하며 물건을 들고 나르는 제조업이나 건설업 현장에서부터 오랫동안 서 있어야 하는 마트나 백화점 노동자들에게 찾을 수 있다. 또 수십 킬로미터를 달리는 버스, 택시, 화물 운송 노동자는 물론이고 종일 같은 자리에 앉아 모니터를 바라보고 있는 사무실이나 경비실까지 곳곳에서 디스크 통증을 호소한다.

테니스 엘보, 골프 엘보라고 불리는 상과염(上顆炎)을 호소하는 노동자도 상당히 많다. 팔을 과도하게 사용하는 운동선수들이 호소하는 질병이다. 하지만 테니스나 골프선수가 아닌데도 팔꿈치로부터 시작해 팔꿈치와 손목 사이 어딘가가 가만히 있어도 아프고, 살짝 누르기만 하면 극심한 통증을 안고 사는 노동자들이 많다고 한다. 주로 무언가를 쥐고 일하는 목수나 요리사, 정육점 노동자에서부터 키보드 작업을 하는 사무실 노동자, 수없이 빠른 속도로 반복해 손을 쓰는 제조업 노동자들에게도 흔하게 발견된다.

"3D업종●이라서 힘든 거 아니야?" "절이 싫으면 중이 떠나야지"라고 말하는

● 더럽고(Dirty), 어렵고(Difficult), 위험한(Dangerous) 분야의 산업을 묶어 가리키는 말.

사람도 있다, 아프거나 못 버티겠으면 떠나라는 것이다. 하지만 일터의 통증은 그렇게 단순하게 피할 수 없다. 일터를 옮겨도 결국 통증을 마주하게 되기 때문이다. 제조업이나 건설업 현장에도 근골격계 통증이 있다. 비교적 안전하다고 생각하는 사무실이나 연구실에도 근골격계 통증이 있다.

애초에 통증 없는 일터는 존재하지 않는다. 많은 사람들이 하는 말이 있다. "고단하지 않은 일이 어디 있는가!" "쉽기만 한 일이 어디 있겠는가!"라는 말이다. 이런 말들이 일터의 통증이 보편적이라는 것을 드러낸다.

통증은 무언가 잘못되었음을 알리는 경고음이다. 많은 일터에서 노동자들이 통증을 느끼고 있다는 것은 이미 일터에 심각한 문제가 있다는 뜻이다. 삶의 현장인 일터가 아프다. 경고음이 가득한 우리 삶의 현장은 변화가 필요하다. 또 일하는 사람이라면 기어코 마주하게 될 통증에 대한 대비와 해결책을 고민해야 한다. 피할 수 없다면 맞설 방법을 찾아야 한다.

2

당신은
무슨 일을 하시나요?

아픈 것은 일 때문이다

일터에는 왜 통증이 가득할까? 일을 하면 왜 아플까? 그 원인이 무엇일까? 이런 질문에 대한 답을 제시한 선구자가 있다. 바로 17세기 이탈리아에서 태어난 베르나디노 라마치니(Bernardino Ramazzini, 1633~1714)다.

그는 의학 공부를 시작한 뒤로 줄곧 노동자들이 겪는 질병에 큰 관심을 가졌다. 그는 이전의 의사들과 다른 점이 있었다. 그는 환자로 찾아온 노동자들의 일터를 직접 찾아갔다. 일하는 모습을 면밀하게 관찰했다. 그리고 일터와 일하는 과정에서 통증의 원인을 찾아냈다.

예를 들면, 진료를 위해 라마치니를 찾은 제빵사들이 있었다. 제빵사라는 직업을 가진 환자들은 모두 한결같이 다리가 휘어있었다. 라마치니는 제빵사들이 일하는 모습을 지켜보기 위해 일터를 찾았다.

제빵사들이 허리 아래 높이의 두꺼운 판자나 탁자 위에서 반죽을 하고 있었다. 매일 엄청난 양의 밀가루 반죽을 떨어뜨리고 들어 올리는 작업을 반복하고 있었다. 팔의 힘을 다해 반죽을 탁자에서 떼어내고, 무릎으로 눌러가며 반죽을 뒤집는 동작을 반복했다.

라마치니는 이러한 반복적인 과정이 제빵사들의 무릎 관절에 무리를 준다는 것을 알게 되었다. 그리고 그 결과 다리가 바깥으로 휘어진다는 사실을 알게 되었다.

한편 항구에서 화물을 싣고 내리는 항만 노동자들은 한결같이 라운드 숄더를 가지고 있었다. 항구를 찾아 그들이 일하는 모습을 관찰하고 인터뷰를 진행했다. 항만 노동자들은 몸을 똑바로 세우기보다 가슴과 어깨를 움츠리는 자세를 취하는 것이 무거운 짐을 나르기 쉽다고 말했다. 오래 일한 항만 노동자일수록 어깨가 움츠려져 있었다. 무거운 짐과 작업의 속도, 일의 요령이 라운드 숄더(안으로 굽은 어깨)를 만들어내고 있다는 결론에 도달했다.

라마치니는 이런 방식으로 일터를 관찰하고, 노동자들의 이야기를 들었다. 그리고 52~56개 직종의 노동자들을 관찰하고, 그들이 호소하는 통증과 질병을 연구하여 《노동자의 질병 (De Morbis Artificum Diatriba)》을 저술했다. 연구의 결론은 선명했다. 특정 일을 하면 그로 인해 일하는 사람이 아플 수 있다는 것이다.

놀랍게도 '일하는 사람들의 통증의 원인이 일터에 있다'는 그의 주장은 매우 혁신적인 접근이었다. 어떤 환자들의 직업을 묻는다는 것, 그 일터를 찾아 면밀하게 관찰한다는 것, 그리고 그 원인과 결과를 추론한다는 것 모든 것이 혁신적이었다. 라마치니를 의학의 새로운 전환점을 만들어냈다며 '히포크라테스• 3세'나 '노동의학의 아버지'라고 부르는 사람들이 있을 정도다.

아픈 것은 운명 때문인가?

오랫동안 사람들은 일하는 사람이 아픈 이유를 '운명'에서 찾았다. 특히 신이 세상의 중심이었던 중세시대까지 사람들은 일하다 얻게 된 통증을 '신의 뜻'이라거나 '신의 벌' 때문이라고 말했다. 왜 그랬을까?

과학이 발전하기 전 사람들은 삶의 경로와 결과가 미리 정해져 있다고 믿고 있었다. 신의 뜻과 힘이 절대적인 시기였기 때문이다. 개인의 노력이나 선택보

• 고대 그리스 의사로 의학의 아버지라고 불리운다. 현대의 의사들도 그의 이름을 딴 히포크라테스 선서를 직업윤리의 기본으로 삼는다.

다 압도적인 힘을 가진 신의 뜻은 직업을 결정하기도 했다.

태어날 때 직업이 결정되던 시기였다. 평생을 어떤 일을 하며 살아가야 할지 선택권이 주어지던 시대가 아니었다. 부모의 직업에 따라, 신분에 의해서, 또는 태어난 곳이 어디냐에 따라 평생 해야 할 일이 결정되었다.

타고난 운명에 따라 해야만 하는 일이었기 때문에, 그 과정에서 발생하는 사고나 질병은 당연히 피할 수 없는 일이라고 생각했다. 당연히 벌어질 일이 벌어진 것처럼 여겼다. 오로지 받아들여야만 했다.

거역할 수 없는 신의 뜻이나 운명 앞에서 사람들은 무력해진다. 일하다 아프거나 다치거나, 심지어 죽는 것마저 당연하게 받아들이게 된다. 누구도 "왜 아픈가?"에 대해 묻지도 따지지도 않아도 된다. 그저 아픈 것은 불행이고, 건강하게 살아남는 것은 행운이기 때문이다.

문제는 지금도 이런 생각들이 남아있다는 것이다. 여전히 일하다 다친 노동자들을 만나다 보면, 종종 "내 운명 탓이죠"라거나 "결국 이것이 내 팔자"라는 이야기를 듣게 된다.

심하게 다쳐 통증이 클수록, 그 결과 더 큰 장애가 남을수록 이런 말을 더 자주 듣곤 한다. 절망적일수록 받아들이기 어려울수록 불가항력적인 곳에서 원인을 찾는 것이다. 때로는 복잡한 이유 대신 단순하고 절대적인 이유를 제시하는 것이 다친 노동자에게 더 쉽게 받아들여지고 위로가 될 수 있다. '신의 뜻'이나 '운명'은 때로는 어쩔 수 없는 무력감을 설명해주고, 빠르게 현실을 받아들이도록 돕기도 한다.

하지만 이런 생각은 결국 일터의 통증을 지속시키는 원인이 된다. 일터에 존재하는 통증을 해결할 수 없는 문제로 보게 만들기 때문이다. 운명이라고 이야기하는 순간 무엇 때문에 아픈 것인지, 통증을 막을 방법은 없는지에 대한 고민은 자연스럽게 멀어질 수밖에 없다.

아픈 것은 당신 탓인가?

일터의 통증 원인을 찾고 해결하는 데 방해가 되는 또 다른 생각이 하나 더 있다. 일터에서 아픈 이유가 아픈 노동자 스스로의 탓이라는 생각이다.

상하차와 배달 업무를 하는 택배 노동자가 있었다. 매일 수없이 많은 무거운 물건을 들고 내리고, 계단을 오르내리는 일을 한다. 무릎에 물이 찼고, 허리 통증을 호소했다. 손목도 지끈거려 손목보호대 없이는 일하기 어려웠다. 하지만 오랫동안 모든 통증이 '내 탓'이라고 생각했다고 말했다. 결국 내가 선택한 일인데, 이 정도 통증은 견뎌야 하지 않겠냐고 말했다.

어느 건설 현장에서는 작업을 하던 중에 타카총을 잘못 조작해서 못이 손등을 관통한 노동자가 있었다. 두 시간 넘게 상담을 진행했지만 그는 결국 산업재해를 신청하지 않았다. '내가 실수한 탓'에 다쳤다는 생각이 끝내 지워지지 않기 때문이라고 말했다.

이런 생각들은 일터에서 발생하는 통증의 원인을 노동자 개인에게 돌리게 만든다. 개인의 실수, 개인의 책임 범위 내에서만 통증의 원인을 찾게 한다. "당신의 잘못은 없나요?" "당신의 선택 아니었나요?" 일터에서 사고나 질병으로 통증을 겪게 되는 노동자들이 제일 먼저 마주하는 문제이기도 하다.

왜 그럴까? 태어날 때부터 직업이 결정되던 시기에 일터의 통증 원인이 운명이었다면, 직업을 자유롭게 선택하면서 통증의 원인은 자연스럽게 노동자 개인의 책임이 되었다. 산업혁명을 거치면서 사람들은 무슨 일을 할지 스스로 결정했다. 사람들은 임금을 목적으로 자유롭게 근로계약을 맺고 일터로 나아가 노동을 제공했다.

자유로운 선택에는 책임이 뒤따른다. 자유계약이라는 이름 아래 일터에 어떤 위험이 있어도, 아플지 몰라도 그것을 감수하고 일하는 것은 노동자 개인 스스로 판단해야 하는 일이다.

사람들은 돈을 벌기 위해 일터를 찾아갔고, 자유롭게 근로계약을 맺고 노동을 제공한다. 일을 하며 당연히 얻게 될지 모르는 통증은 계약의 일부분이거나 계약을 이행하는 것일 뿐이었다. 그러한 계약을 맺으라고 누구도 강요하지 않는다. 자유롭게 선택할 일이니, 선택한 뒤의 일들은 모두 선택한 사람이 책임져야 한다는 논리이다.

'자유'나 '계약'이라는 단어는 이런 생각이 더 공정하고 합당한 것처럼 보이게 만든다. 그러나 역설적으로 자유라는 이름은 일터의 통증을 방치하도록 만든다. 아무도 책임지지 않도록 돕는다. 특히 일터를 바꿀 힘이 있는 사용자나 정부에게 책임을 물을 수 없도록 만든다. 오로지 아픈 노동자만이 통증의 결과를 책임을 지게 만든다.

최근 일터에서 벌어지는 사고 기사의 댓글을 읽다 보면 '누칼협'이라는 표현이 종종 보인다. '누칼협'은 '누가 그걸 하라고 칼 들고 협박이라도 했느냐, 그럼 하지 말지'의 줄임말이다. 문맥상 '어쩌라고?'와 비슷한 표현이다. '너의 탓이야' '네 책임이야'라는 생각들이 이토록 냉소적으로 표현되는 것이다.

일터의 통증을 오롯이 일터를 선택한 노동자가 책임져야 한다는 사고방식이 여전히 견고하다는 것을 보여준다. 일터의 통증 원인을 개인의 책임으로 돌리는 것은 쉽고 간편하다. 하지만 통증을 느끼는 사람들만 사라지면 그 일터는 건강하고 안전한 일터가 되는 것일까? 그렇지 않다. 개인에게 책임을 미루는 접근은 문제의 본질을 제대로 살필 수 없도록 만들 뿐이다.

당신은 무슨 일을 하나요?

설사 운명 때문일지라도 그 일을 하게된 노동자의 책임일 지라도 결코 변하지 않는 사실이 있다. 결국 일을 했기 때문에 통증이 발생했다는 것이다. 그리고 통증의 원인은 하고 있는 일과 관련되어 있다는 것이다.

그래서 라마치니는 진료할 때 반드시 "당신은 무슨 일을 하나요?"라고 질문해야 한다고 강조했다. 노동자의 질병, 통증의 원인을 노동자의 직업, 하는 일, 노동환경으로부터 비롯된 것은 아닌지 살펴보라고 가르쳤다. 제대로 된 원인을 알아야 적정한 처방을 내릴 수 있기 때문이다.

이미 오래전부터 일터를 개선하는 노력이 필요했다. 하지만 통증의 원인을 제대로 묻지 않았다. 라마치니의 연구가 점차 알려지고 사람들의 인식에 자리 잡으면서 변화가 일어나기 시작했다. 통증의 원인을 찾고나서야 개선하기 시작한 것이다. 비로소 일하는 사람들을 보호하기 위해 노동환경을 바꾸어나갔다.

꽉 닫힌 창문을 열고, 환기를 시작했다. 조명도 적절한 밝기를 유지했다. 책상이나 작업대, 그리고 의자의 높낮이를 조절하거나 바꾸기도 했다. 위험한 도구는 조금 더 안전하게 교체되고, 노동시간과 휴게 시간도 충분해야 한다는 인식도 자리잡혀 나갔다. 통증이 발생하지 않는 적정한 업무 강도와 빈도에 대한 작업기준들도 생겨났다.

나아가 단순히 개인의 문제만으로 여기지 않게 되면서 사회가 함께 책임지는 노력이 만들어졌다. 산업재해를 예방하기 위한 산업 안전을 위한 법률들이 만들어졌다. 설사 산업재해가 발생하더라도 일터에서 만난 재해와 슬픔 역시 개인이 온전히 책임지지 않도록 이를 보상할 수 있는 산업재해보상보험 시스템이 만들어졌다.

좋은 질문이 올바른 해답을 이끌어 낸다. 여전히 일터의 통증을 단순히 운명 탓으로 돌리거나, 노동자 개인의 문제로 치부해 책임을 물었다면 결코 일터는 바뀌지 않았을 것이다. 일터와 아픈 노동자 모두가 라마치니의 조언을 잊지 말아야 한다. 일하는 당신이 아픈 이유는 일 때문일 수 있다. 통증의 원인이 당신의 직업일 수 있다.

일을 하다 통증이 느껴졌다면, 또는 누군가 일터에서 통증을 겪고 있다면 가장 먼저 물어야 한다. "당신은 무슨 일을 하시나요?"

3

일하다 아프면
산재를 말해야 한다

가장 흔한 통증 근골격계질환

'국민통증'이라고 불리는 질병이 있다. 바로 대한민국 사람들이 가장 흔하게 경험하는 통증인 근골격계질환이다. 주변 길거리의 풍경만 봐도 알 수 있다. 척추, 통증, 자세 등과 관련한 병원들이 중심지에 즐비하다. 지나가는 버스마다 근골격계 관련 병원 광고물이 실려있고, 현수막이 곳곳에 걸려있다. 그만큼 많은 사람이 병원을 찾기 때문일 것이다.

각종 SNS에도 근골격계 통증 콘텐츠가 많이 보인다. 저마다의 처방과 정보들이 넘실거린다. 여러 물리치료사나 운동전문가의 채널 구독자 수와 조회 수가 얼마나 많은 사람이 통증에 시달리고 있는지, 근골격계 통증로부터 벗어나기 위해 노력하고 있는지를 보여준다.

실제로 2022년 건강보험 통계에 따르면 무려 1,841만명이 근골격계질환 때문에 병원을 찾았다.* 대한민국 국민 3명 중 1명이 근골격계질환을 앓고 있는 셈이다. 진료비만 해도 10조 7천억 규모이다. 우리나라 의료기관 전체 진료비의 10.49%를 차지할 정도로 비중이 크다. '2022년 한방의료이용 실태조사' 결과에 따르면 한의원을 찾는 환자 중 74.8%가 근골격계 통증 때문이라고 한다. 이정도면 '국민 질병'이나 '국민 통증'이라 부를 만하다.

흔하지 않은 산업재해

그렇다면 이렇게 많은 근골격계 환자 중에 일 때문에 아픈 사람은 얼마나 될까? 아픈 이유가 하는 '일' 또는 '일터' 때문일 때, 우리는 이를 '산재'라고 부른다. 매년 산업재해를 현황을 분석하는 통계자료를 살펴보면 된다.

놀랍게도 2022년 산업재해현황분석에 따르면 근골격계질환으로 산재로 인정받은 노동자는 11,945명에 불과하다. 근골격계질환을 앓고 있는 1,841만 명 중에 내가 하는 '일'이나 '일터' 때문에 아프다고 인정받은 사람이 0.0649% 남짓에 불과한 것이다. 일터에 통증이 넘쳐난다는 사실을 생각해보면 도저히 믿기 어려운 통계다.

● 건강보험심사평가원, 〈2022년 건강보험통계연보〉 22대 분류별 진료현황을 살펴보면 근골격계 및 결합조직의 질환을 이유로 진료실을 찾은 환자의 수는 18,419,279명이다. 사고성 근골격계환자는 포함되지 않은 숫자이다.

일 때문에 아픈 사람은 적은 것일까? 일터의 통증을 호소하는 노동자가 많지 않은 것일까? 그렇지 않다. 주변을 둘러보면 일터에서 허리나 손목 통증을 단 한 번도 겪어보지 않은 사람이 없다. 그런데 산업재해를 인정받은 노동자 수는 왜 이렇게 적은 것일까?

일하다가 다치거나 아픈 노동자들이 10명 중 3명만이 산업재해보상보험을 신청한다는 연구 분석 결과●가 있다. 2021년 한 연구에서는 산업재해 3건 중 2건이 은폐되고 있다는 주장도 있었다. 산재로 인정되는 사례보다 2배 정도 일하다 아픈 사람이 있다고 봐야 한다는 것이다.●● 아픈 사람이 적다기보다 산업재해보상보험 신청률이 낮은 것이다. 일 때문에 아픈 사람들이 다른 이유를 찾아 헤매고 있거나, 그 사실을 숨기고 있다는 말이다.

산재를 망설이는 이유

산업재해 신청률이 낮은 까닭은 무엇일까? 산재를 신청하려면 내 통증이 일에서 비롯되었다고 생각해야 한다. 일 때문에 이런 통증이 발생했다고 주장할 수 있어야 한다. 하지만 그렇게 하기 어려운 여러 이유가 있다.

● 산재보험 사각지대 해소 및 형평성 강화를 위한 연구
●● 노동조합은 산업재해 발생과 은폐에 어떤 영향을 미치는가[산업노동연구]

첫째, 일터의 통증에 너무 익숙해져 있다. 일터에서 매일 겪는 통증이 일상이 되어버려서, 그저 지나치는 사소한 것처럼 여겨지는 것이다. 또 통증이 오랜 시간 지속되면 고통에 익숙해져서 그 존재조차 느끼지 못하는 경우도 많다.

매일 허리를 굽혔다 펴며 짐을 나르는 일을 하는 여성 노동자가 있었다. 허리가 아파 병원을 찾았다. 그리고 "엊그제 한 김장 때문인 것 같아요."라고 말했다. 하루 중 가장 오래 머무르며 온몸을 던진 공간, 가장 힘들게 일한 공간은 딱 젖혀두고 내가 아픈 다른 '이유'를 기어코 찾아낸 것이다. 병원을 찾았을 때 이미 오랫동안 익숙했던 일터의 통증은 떠오르지 않았다고 했다. 산재로 인정받지 못했다.

둘째, 이야기조차 꺼내기가 쉽지 않은 분위기 탓이다. 주변의 곱지 않은 시선에 이유가 있다. 일터에서 통증은 꼭 거쳐야 하는 성장통쯤으로 여겨진다. 더 오래 일하고, 더 잘하려면 참고 버텨내야 한다고 생각하는 사람들이 많다. 오죽했으면 '통증 없이는 얻을 수 있는 것은 없다(No pain, No gain)'고 말할까?

누구나 아프고, 누구나 견디고 있는 상황에서 일 때문에 아프다고 말하는 것 자체가 쉽지 않다. 당연한 것을 감내하지 못한다는 것은 일을 잘하지 못하거나, 이 일을 오래할 수 없다는 신호로 해석된다. 통증을 버티지 못하거나 감추지 못하면 나약하거나 능력이 부족한 사람으로 여겨지며, 심한 경우에는 꾀부리거나 남에게 피해를 주는 사람으로 낙인 찍히기 쉽다.

셋째, 산업재해에 대한 막연한 두려움 때문이다. 오랜 상담 끝에 산재 신청을 안내하더라도 난색을 표하는 노동자들이 있다. 가장 큰 이유는 회사가 싫어할 것 같다는 걱정 때문이다. 산재를 신청하면 회사에 불이익은 없는지, 산재를 신청할 때 회사의 허락이 필요한 것은 아닌지 질문하기도 한다. 그리고 몇몇은 끝내 회사와의 관계가 틀어질까 두려워 산재 신청을 포기하기도 한다.

몇몇 회사나 일부 병원들이 이런 두려움을 조장하기도 한다. 산재를 신고하면 회사에 문제가 생긴다고 교육하거나, 산재를 신청한 노동자에게 불이익을 주는 방식으로 산재 신청에 대한 부정적인 인식을 심어주거나, 이를 어렵게 만드는 환경을 조성한다. 병원으로 가는 길에 동행하며 "일하다 다쳤다고 말하지 말라."고 설득하는 경우도 있다. 회사를 고객으로 삼는 일부 병원들은 일하다 다친 노동자에게 회사의 허락을 받았는지 확인하기도 한다.

아픈 노동자가 산재를 말하고 신청하는 길은 생각보다 험난하고, 많은 용기가 필요한 현실이다.

아프니까 말하자

그럼에도 불구하고 용기를 내야 한다. 옛말에도 '병은 소문을 내라(병 자랑은 하여라)'고 하지 않았는가. 일터의 통증은 특히 이곳 저곳에 말을 해야 한다. 일터의 통증을 말하지 않는다는 것은 장작더미 속에 불씨를 숨겨놓는 것과 같다.

말하지 않는 일터의 통증은 위험하다. 통증은 눈에 보이지도 않는다. 종일 통증이 나타나도, 본인 외에는 그 통증을 알아차리기 어렵다. 일하면 당연하게 찾아온다고 여겨지는 근골격계 통증이 '꾀병'으로 오해받는 이유도 여기 있다. 아무리 가까운 관계라 할지라도 내가 겪고 있지 않은 통증을 말하지 않으면 이해하기 어렵다.

드러나지 않는 통증은 결국 통증을 악화시킨다. 일터와 노동자 모두 통증에서 벗어나기 어렵게 만든다. 말하지 않고 참다가는 통증의 원인들이 수없이 반복되어 찾아오거나 가중될 수 있다. 고통 없이 얻을 수 있는 것이 없다지만, 건강 없이 얻을 수 있는 것은 아무것도 없다. 통증을 멈추기 위해 말해야 한다.

참고 일하는 것보다 적정한 회복과 치료를 받는 일이 먼저다. 산재를 통하면 아픈 노동자에게 적정한 치료와 회복의 기회가 생긴다. 특히 근골격계 통증은 한번 시작되면 악화되거나 계속될 가능성이 크다. 통증이 생기기 전의 상태로 돌아가는 것은 어렵다. 근골격계질환을 겪는 노동자라면 특히 지속적인 치료와 관리를 위해서 반드시 산재를 통하라고 말하는 이유이다.

또 산업재해로 승인된 근골격계질환을 살펴보면, 한 사람만 아픈 경우는 드물다. 보통 직장에서는 여러 노동자가 동일한 작업 환경에서 근무하기 때문이다. 비슷한 이유로 발생하는 근골격계 통증이나 부상이 많을 수밖에 없다. 그런데 두려움과 분위기 때문에 산재를 통하지 않는다면, 더 많은 사람이 아플 수밖에 없다. 나도 겪었으니까, 이 일을 해야 하는 너도 결국 고통을 겪어야 한다고 생각하는 사람은 없을 것이다.

통증 없는 일터로 향하는 변화의 첫걸음은 산재를 말하면서 시작된다. 우리는 일을 하는 것이지 벌을 받거나 아프기 위해 일하지 않는다. 나 자신을 비롯한 누구도 일터에서 아파서는 안 된다. 적어도 모두가 통증 없는 일터에서 일하기 위해서 노력해야 한다.

일하다 통증을 느꼈다면, 아픈 만큼 자주 일터의 통증에 대해 이야기하자. 산재가 아닐까? 산재가 될까? 무엇 때문에 아플까? 더 많은 이야기를 나누자.

일터에서 병원에서 그리고 동료와 이야기할 때, 노동 상담을 받을 때 내가 하는 일과 통증에 대해 이야기하자. 어떤 동작을 할 때 어떤 작업을 하거나 어떤 기계 기구를 다룰 때 얼마나 아픈지 말해야 한다.

그리고 설사 산재인지 아닌지 확신이 없더라도, 심지어 업무와 관련 없이 발생할 통증일 가능성이 있다 할지라도, 산재를 신청해보아야 한다. 산재를 신청하고 심사받는 과정 자체가 바로 통증이 업무로부터 발생했는지를 밝히는 과정이기 때문이다.

그렇게 일터의 통증과 산재를 이야기할 때, 비로소 일터에 변화가 필요하다는 것을 모두가 알 수 있다. 통증을 드러내는 것으로 일터에서 통증을 발생시키는 원인을 살펴볼 기회가 생긴다. 그제야 일터와 통증의 관계가 드러난다.

아프니까 말하자. 더 아프지 않도록, 충분히 회복할 수 있도록, 누군가가 더 아프지 않도록 통증을 말하는 것으로 시작하자. 통증 없이 건강하게 오래 일할 수 있는 일터를 만드는 것은 내 권리를 이야기하는 작은 용기로부터 시작된다. 또 일터에서 아픈 동료들을 살피는 작은 관심으로부터 시작한다. 함께 이야기할 수 있다면 많은 것이 바뀔 수 있다.

아프다고 말하니
산재가 되었다

변화를 가져온 근골격계질환 산재 사건들

• **최초 직업병으로 인정받다 (MBC 타자수 사건)**

　우리나라 최초로 근골격계질환이 산재로 인정된 사건은 1986년의 타자수 최효숙 씨 사건이다. 최효숙 씨는 1981년 3월 문화방송에 입사해 다음 해 6월부터 시청자센터 심의실에서 타자수로 근무하던 노동자였다. 타자수라는 직업은 새로운 분야로 각광받았다. 하지만 하루 수십 장씩 빠르게 타자 작업을 해야 하는 힘든 일이기도 했다. 반복적인 작업으로 인해 1986년 3월 양쪽 어깨와 양손에 통증이 발생하고 온몸이 부풀어 오르며 근육 수축 증상이 나타났다. 결국 그녀는 양손을 들 수 없는 지경에 이르렀다.

　이 질환은 '키펀처병(key puncher's disease)'이라고 불렀다. 경견완(목, 어깨, 팔) 장애의 일종으로 당시 많은 사무직에서 일하는 여성 노동자들에게서 새롭게 나타나는 직업병이었다. 어깨 아랫부분을 반복 사용함으로써 신경과 근육의 피로가 쌓여 머리 뒤쪽, 어깨, 손가락에 통증, 저림, 근육 긴장 등의 증상이 주로 발생했다.

문제는 당시 산업재해 인정 기준으로는 그녀의 질병이 산재로 인정받을 수 없었다는 점이다. 근로복지공단은 이를 인정하지 않았고, 최효숙 씨는 민사법원에 손해배상 소송을 제기했다. 그리고 1989년 8월, 법원은 그녀의 근골격계 질환을 산업재해로 인정하였다. 법원은 과중한 업무로 인해 증원이 필요했지만 회사가 이를 무시했고, 올바른 자세와 부드러운 타자 방법을 교육시키지 않는 등 감독의 소홀함을 지적했다.

같은 해 9월, 노동부는 업무상 재해 인정 기준 개정안을 발표하여 사무직 노동자들에 대한 키펀처병, VDT 증후군, 경견완증, 디스크 등 신종 직업병을 보험 혜택 대상으로 확대하는 방안을 제시하였다. 이러한 새로운 기준은 1년 이상 표류했지만, 이전 소송의 결과가 없었다면 불가능했을 것이다. 이 사건을 계기로 비로소 근골격계질환이 산재로 인정받게 되었다.

• 너도 아프냐 나도 아프다 (최초 집단 산재 인정된 한국통신 근골격계 산재 투쟁)

1989년 12월, 한국통신에서 5년 이상 근무한 여성 노동자 29명이 경견완 (목,

어깨, 팔) 장애 진단을 받았다. 이 중 3명은 어깨가 마비되어 통증으로 인해 키보드 작업을 더 이상 할 수 없는 상태였고, 6명은 한 달 이상 쉬어야 하는 중증 환자로 분류되었다.

노동부는 진단 결과를 확인한 후 회사에 고려대 의대 환경의학연구소에서 재검사를 받게 하라고 지시했으나, 회사는 이를 회피하기 바빴다. 결국 재검사도 진행하지 않고 차일피일 미뤘다.

노동조합은 직업병을 전문으로 하는 구로의원을 찾아갔다. 조합원들의 개별 검진 및 설문조사를 의뢰했다. 1995년 구로의원은 한국통신공사 전화교환원들의 경견완 장애 실태를 조사가 진행되었다. 조사대상 3,220명 중 1,471명(45.7%)이 이미 경견완 장애를 앓고 있거나 앓고 있었다. 이후 전국에 있는 조합원들이 10개 종합병원에서 단체검진에 참여했다. 검진자의 24%인 918명이 경견완 장애 유소견자 혹은 요주의자로 판명되었다.

소극적인 회사와 정부, 그리고 새로운 직업병과 싸우기 위한 집단행동이 필요했다. 더 이상 통증이 계속되게 둘 수는 없었다. 전국 34곳에서 일하는 한국통신 전화번호 안내 작업자들이 농성과 시위를 벌였다. 이들은 하얀 소복을 입고 근골격계질환 직업병 인정과 대책을 요구했다.

결국 총 345명이 집단으로 직업병으로 인정된 한국 최초의 사례가 되었다.

이는 하나의 사업장에서 대규모로 산재 환자가 발생한 사례로, 국내뿐 아니라 세계적으로도 드문 일이었다. 언론은 한국통신 노동자들의 산재 집단 발병을 앞다투어 보도했다.

그제야 노동부는 최초로 'VDT 작업자에 대한 작업 관리 지침'을 마련하였고, 회사는 비로소 휴게시간을 늘리고 작업 환경을 개선하기 시작했다.

• 경제가 어려우면 근골격계 산재가 늘어난다
  (2000년대 근골격계질환 산재인정 투쟁)

1997년 IMF 외환위기를 겪으면서 많은 회사가 구조조정에 나섰다. 동료가 줄어들면서 살아남은 노동자들에게는 업무가 증가하고, 인력 증원이나 기계 설비의 보강은 기대하기 힘들었다. 해고 바람 속에서 많은 노동자들은 아프다고 말할 수 없는 상황에 놓이게 되었다.

이런 상황에서 노동조합들은 근골격계질환이 증가하고 있는 것을 목격했다. 심각해진 노동 강도가 문제였다. 1999년 현대정공(현재 현대자동차) 노동조합은 어려운 상황 속에서도 제조업 최초로 근골격계질환 집단 산재 신청을 진행했다.

이를 시작으로 병원, 화학, 공공부문 등 다양한 업종에서 근골격계질환 집단 산재 신청이 확산되었다. 근골격계질환 산재 승인율이 치솟았다. 몇몇 노동조합 은 투쟁을 통해 무리한 구조조정을 저지하고 인력 증원을 이루어내기도 했다.

노동강도의 증가로 인한 근골격계질환은 사회적인 화두가 되었다. 2002년 11 월, 사업주에게 근골격계질환 예방 의무를 규정하는 법안이 통과되었고, 근골격 계 부담 작업으로 인한 건강장해 예방 의무와 정기적인 근골격계 유해요인 조 사를 포함한 사업주의 예방 의무가 법제화되었다.

● 아프다고 말할 때 산재가 되었다

우리에게 이미 익숙한 근골격계질환이 신종 직업병, 컴퓨터병, 문명병 등 다 양한 명칭으로 불리던 시기가 있었다. 이름마저 생소한 이 질병들은 정체를 알 수 없어 산재와 연결 짓기 어려웠다. 그러나 기어코 누군가 용기를 내어 이야기 를 시작했고, 비로소 산업재해로 인정받을 수 있었다.

물론 일 때문에 아프다고 말하기 시작한 싸움은 생각보다 힘겨웠다. 수많은 사람들이 이 긴 시간 동안 근로복지공단과 싸우고, 회사와 다투어야 했다. 그 과 정에서 해고, 징계, 심지어 구속까지 경험한 노동자와 노동조합들이 있었다.

이러한 투쟁 덕분에 일터에서 근골격계질환이 산업재해로 알려지게 되었고, 이에 따라 회사가 해야 할 일들이 법으로 제정되었다. 근골격계질환 예방과 정기적인 유해요인 조사 의무가 규정된 법이 만들어졌고, 작업환경과 근골격계질환에 관련한 조사 연구가 시작되었다. 반복적인 작업뿐만 아니라 노동 강도, 스트레스 등 일터의 다양한 요인들이 건강을 해칠 수 있다는 것이 밝혀졌다.

아프다고 말할때 노동자의 건강과 노동환경이 드러난다. 그리고 그때 비로소 일터의 변화가 시작된다.

체험 산재 현장은
싫다

아픈 일터가 보인다

처음 허리디스크를 앓게 되었을 때, 생각지도 못한 통증에 아찔함을 느꼈다. 119 구급차에 실려 가는 동안 '앞으로 어떻게 해야 하나….' '어쩌다 이렇게 됐나….' 하는 수많은 생각이 지나갔다. 그리고 이런 통증이 완전히 사라지지 않는다는 사실을 깨달았을 때 느낀 막막함은 아파본 사람만이 알 것이다.

과연 아는 만큼 보이는 것일까? 상담을 하거나, 여러 일터에 찾아갈 때 어렵지 않게 근골격계 통증을 겪는 사람들이 눈에 띈다. 가볍게 편의점을 찾았을 때, 식사를 하기 위해 찾은 식당에서도 일하는 사람들의 통증은 무엇일까 찾게 된다.

모니터를 한창 바라보다 일어서는 사무직 노동자의 뻣뻣한 목과 구부정하고 뭉친 어깨, 위태롭게 무거운 국밥 그릇이 가득한 쟁반을 서빙하는 식당 종업원 손목과 팔꿈치의 욱신거림, 주기적으로 쑤시는 허리, 무거운 짐들을 가득 든 채 계단을 오르내리며 택배노동자의 살짝 기울어진 골반과 무릎, 친절한 미소 아래 하루 종일 서서 일하느라 부어있을 백화점이나 마트 노동자의 종아리와 발목 등등 눈에 일하는 모습을 바라보면 다양한 근골격계 통증이 떠오른다. 일하며 아프지는 않을까? 아프지 않을 수는 없는 걸까?

아픈 일터는 싫다

아픈 일터는 치명적이다. 근골격계 통증과 같이 눈에 보이지 않더라도, 통증이 발생하고나면 일을 제대로 수행하기가 어려워진다. 때로는 일을 영원히 포기해야 하는 경우도 있다. 통증은 일상을 지탱하는 힘도 앗아간다. 작은 스트레스를 견디는 것조차 불가능하게 만든다. 쉽게 피로를 느끼고 우울해진다. 대한통증학회는 만성통증 환자 1만 2천 명 대상으로 조사했는데 10명 중 6명은 수면장애를 겪고 있고, 4명은 자살 충동을 느끼고 있고 3명은 경제활동에 지장이 있다고 한다.

게다가 아픈 일터는 모두를 아프게 만든다. 먼저 가족 구성원들에게도 큰 영향을 미친다. 가족들은 가장 가까이에서 아픈 사람이 겪는 통증과 어려움을 경험하게 된다. 일상적인 활동에 제약이 생길수록 함께 많은 노력을 기울일 수밖에

44

없다. 아픈 당사자뿐만이 아니라 가족들의 일상도 함께 힘들어질 수밖에 없다.

그뿐인가? 일을 지시하는 회사나 고객에게도 손해가 발생한다. 아픈 일터에서 일하는 노동자의 근태는 흔들릴 수밖에 없다. 지각이나 결근이 잦아지고, 결근일수가 길어진다. 작업이나 개인의 삶의 질이 낮아지는 것은 당연하다. 더 나은 생산성이나 서비스를 기대하기 어렵다.

그만큼 기업의 보상이나 대처 비용은 증가할 수밖에 없다. 아픈 일터가 치러야 하는 대가는 때론 너무 크고, 예측하기 어렵다. 2015년 연구에 의하면 우리나라 주요 근골격계질환으로 인한 사회적 손실비용이 연간 4조 449억 원에 달한다. 아픈 일터는 모두에게 불행을 가져온다.[●]

일터에서 아프기 전에

누구도 아프지 않는 일터를 만드는 것은 어렵다. 하지만 통증을 예방하고 줄일 수는 있다. 일터를 마치 어린 아이를 키우는 집처럼 여기고, 바라보는 노력을 하면 가능하다. 산업안전보건법이 이런 노력을 도울 수 있다.

● 노재영 기자, "근골격계질환으로 연간 4조원 손실", 메디팜헬스, 2015.11.26.(검색일: 2024.04.24.)(URL: http://www.medipharmhealth.co.kr/news/article.html?no=27067)

부모라면 아이가 태어나기 전부터 집 곳곳에 위험 요인들을 찾는다. 이처럼 일터에서 통증을 만들만한 요인들을 면밀하게 살펴보면 어떨까. 문턱과 집 곳곳의 모서리를 찾아 살피는 것처럼 작업공간과 작업대 등 곳곳을 살필 필요가 있다. 다치기 쉬운 물건들은 치워내고, 모서리에는 부딪혀도 다치지 않도록 스펀지를 부착하고, 문턱은 없애고 딱딱한 바닥에 부드러운 매트리스를 설치하는 것처럼 일터 곳곳을 개선하는 노력이 필요하다.

산업안전보건법의 목적이 거기에 있다. 일터에서 꼭 지켜져야 할 안전에 관한 기준을 분명히 하고, 그 책임의 소재를 명확하게 한다. 안전하고 조금 더 쾌적한 작업환경을 만들어서 산업재해를 예방하고 일하는 사람들의 안녕과 건강을 보호한다.

'어떻게 바꾸어야 할까?', '어떻게 안전하게 만들 수 있을까?'가 고민이라면 산업안전보건규칙을 살펴보면 된다. 통로나 계단의 높이부터, 사람이 들기 적정한 중량까지 생각보다 구체적인 기준들이 명시되어 있다.

특히 산업안전보건규칙은 사업주에게 노동자가 일터에서 아프기 전에 근골격계 유해요인을 조사하도록 하고 있다. 처음 사업을 시작할 때 또는 충분히 근골격계에 부담을 주는 작업을 시키거나 부담이 생길만한 설비를 도입한 경우, 작업량이나 작업공정이 변경된 경우, 건강진단이나 산재 신청을 통해 노동자가 근골격계질환을 인정받았을 때는 반드시 근골격계 유해요인 조사를 실시해야 한다.

유해요인 조사지침을 살피면 일터의 어떤 점들을 살펴야 하는지 알 수 있다.

사용자는 이를 파악하고 적극적인 예방 조치를 해야 한다. 무거운 물건을 들게 할 때는 무게중심을 낮추거나 몸을 밀착하도록 하는 등 신체에 부담을 줄일 수 있는 자세 등을 노동자에게 알려야 한다. 노동자 역시 작업으로 인해 몸의 운동 범위가 축소되거나, 쥐는 힘이 약해지거나, 몸의 어딘가 기능이 이상한 징후가 나타난다면 사업주에게 알릴 수 있다. 사업주는 노동자에게 적절한 의학적 조치를 해야 할 의무도 있다.

다루는 물품의 무게나 얼마나 자주 취급하는지, 운반 거리나 운반속도 등을 고려해 작업시간과 휴식시간 등을 적정하게 배분해야 한다. 5kg 이상을 들어올려야 할 때는 중량과 무게중심에 대해 노동자가 쉽게 알아볼 수 있도록 사업장에 안내 표시를 해야 한다. 들어 올리기 어려운 물건들이 있다면 손잡이를 붙이거나 갈고리, 진공 빨판 등 적절한 보조도구를 마련해야 한다.

일터에서 아프다면

일터에서 아프다면 신속한 치료가 최우선이 돼야 한다. 건강을 회복하기 위해 빠르게 의료기관을 찾아야 한다. 건강보다 중요한 것은 없다. 노동자가 아픈 상태에서 계속 일한다면 질병을 악화시키거나 더 큰 사고를 부를 수 있다. 참을 수 없는 정도일 때가 아니라 통증이 느껴질 때 바로 병원을 찾아야 한다.

신속하고 효과적인 치료 중 가장 좋은 방법은 휴식이다. 일터에서 멀어져야한다. 특히나 근골격계질환은 과도한 힘이나 반복적인 작업, 부적절한 자세, 진동, 고온 또는 저온과 같은 유해한 환경에 노출되어 있을 가능성이 높다. 또 과도한 업무량이나 이에 대한 부담감, 시간에 쫓기는 업무를 수행하고 있을 수 있다. 그러니 일터에서 벗어나야 한다. 내 몸에 유해한 요인들로부터 벗어나는 것이다.

하지만 가계수입의 원천이 되는 일터에서 벗어나기란 쉽지 않다. 노동자가 일하지 않고 쉬게 되면 경제적인 어려움이 뒤따른다. 게다가 쉽사리 예측하기 어려운 치료비용은 물론이고, 일하지 않는 동안 생계를 책임지는 것은 큰 경제적 부담이 된다. 재해를 당한 노동자뿐만 아니라 가족들의 생활도 불안정해진다. 이러한 상황에서는 치료에 집중하기 어려워진다. 치료에 집중하기 위해서는 치료비용뿐만 아니라 생계비와 시간이 필요하다.

그래서 산업재해보상보험법이 있다. 산업안전보건법이 산업재해를 미리 예방하기 위한 법이라면, 산업재해보상보험법은 일하다 다치거나 아플 때 신속하고 공정하게 보상해줄 수 있도록 한다.

업무상 재해로 다친 노동자가 치료한 뒤 충분히 재활해서 다시 사회로 복귀

시키는 것이 산재보험법의 목표다. 사업주든 노동자든 개인이 책임을 떠안지 않도록 사회보험 형식으로 운용된다. 치료에 전념할 수 있도록 진찰 및 검사, 치료, 입원 등 현물로 요양을 지원한다. 치료로 일하지 못하는 기간 동안 평상시 받던 임금 70%에 해당하는 휴업급여도 지급한다. 치료 과정에서 사업주나 노동자가 부담해야 할 비용은 비급여 부분으로 급격히 줄어들고, 노동자의 생활은 최소한 보장된다.

그래서 일하다 아프다면 산재보상을 가장 먼저 고려해야 한다. 근로복지공단을 찾아가 산재를 신청하자. 산재 신청이 어렵다면 원무과에 요청하거나, 지역 노동센터를 찾아 상담을 신청해도 된다. 이후에도 설명하겠지만 사업장이 산재 신청을 반대하거나 거부하더라도 상관없다.

역시, 체험 산재 현장은 싫다

산재가 발생한 일터는 마치 근골격계질환처럼 재발률이 높다. 통증이 완화되었다 할지라도 평생을 통증과 함께 살아야 할 가능성이 크다. 산재 현장 역시 그렇다. 한번 일어난 사고나 질병은 그 일터에서 일하는 또 다른 누군가에게 반드시 발생한다. 그러니 한 번이라도 산재를 경험한 일터는 바뀌어야 한다.

많은 노력에도 불구하고 누구나 언제든지 일터에서 아플 수 있다. 일터의 건강과 안전은 쉽게 얻어지지 않는다. 이미 충분히 안전하다고 생각할 때도 더 한 걸음 나아가야 한다.

사용자도 노동자도 일터에서 아프기 전에 근골격계에 부담을 주는 유해요인을 꼼꼼히 살펴봐야 한다. 어떻게 얼마나 다치거나 아플 수 있는지, 또 그럴 때 어떻게 대처해야 하는지, 필요한 도구들은 없는지, 자세는 잘못되지 않았는지 끊임없이 살피고 개선해 나아가야 한다.

산재를 충분히 이야기하고 자유롭게 신청할 수 있는 분위기를 만드는 것도 중요하다. 산재 유발하는 원인을 선명하게 찾을 수 있는 가장 효과적인 방법이 산재를 신청하는 것이다. 산재를 통해 개선해야 할 문제점들을 찾아낼 수 있다.

노동자든 사업주든 누구나 산재 현장을 체험할 필요는 없다. 일터가 바뀐다면 충분히 가능하다. 노동자가 아프지 않게 일하는 건강한 일터가 필요하다. 일하는 사람이 건강하고 행복할수록 가족도, 기업도, 고객도 함께 행복할 수 있다.

노동자의 건강이 일터의 경쟁력이다

노동자와 사업자 모두에게 이로운 길

손흥민 같은 축구 선수나 유명한 야구 선수, 골퍼 등 프로 운동선수들은 전방위적인 건강 관리를 받는다. 매일 호흡량, 근육량, 발란스 등을 체크하고, 경기 중에도 전문 의료진이 항상 지켜본다. 통증이 발생하면 전문적인 스트레칭이나 마사지를 받는다.

프로 선수들은 소속된 팀으로부터 부상 예방, 피로 회복, 건강 관리에 대한 전문 지원을 받는다. 이는 선수들의 건강이 가장 중요한 자산이기 때문이다. 일상적인 건강 상태는 경기력에 직접적인 영향을 미치며, 최상의 상태가 더 나은 기회를 만들어내고 최고의 성과를 이끌어 내는 것은 당연하다.

선수들이 얼마나 많은 경기에 참여하고 오랜 기간 경기력을 유지할 수 있는

지도 건강에 달려 있다. 이들은 지속적인 훈련과 격렬한 경기 속에서 최상의 성과를 내기 위해 최선을 다한다. 일터의 노동자들도 프로 선수와 다르지 않다. 프로 선수들이 겪는 부상이나 과도한 피로만큼 노동자들도 일터에 산재되어 있는 다양한 원인들로부터 건강을 위협받는다.

하지만 일터의 노동자들은 부상 예방이나 피로 회복, 건강에 대한 전문 지원을 받기 어렵다. 건강은 개인에게 맡겨지고, 건강하지 않으면 언제든지 교체되거나 방출되는 것이 현실이다.

반복되는 일상에서 건강을 위협하는 요인은 무수히 많다. 예상치 못한 업무량 증가로 노동 강도가 높아지고, 이로 인해 부상이나 질병이 발생할 수 있다. 이런 상황은 결국 회사와 노동자 모두에게 손해가 된다.

하지만 프로 선수들의 철저한 건강 관리를 노동자들에게 적용한다면 어떻게 될까? 프로 선수뿐 아니라 모든 노동자에게 건강은 높은 성과와 능률을 위해 꼭 필요하다. 건강한 노동자가 많을수록 일터는 더 빠르게 성장하고, 더 좋은 기회를 만들며 최고의 성과를 거둘 수 있다.

몇몇 국가에서는 노동자의 건강이 기업의 경쟁력이라는 인식 아래 다양한 프로그램을 실험하고 있다. 스위스에서는 8개 회사 3,000명을 대상으로 건강 관리 프로그램을 시범적으로 도입한 결과, 연간 결근율이 2.6일 감소하고, 25%의 노동자가 스트레스를 줄였으며, 연간 1인당 8,000 스위스 프랑의 생산성 손실이 감소했다고 한다.

미국은 1980년대 초부터 건강 관리 프로그램을 도입한 기업의 결근율이 14% 감소했다는 결과도 있다. 노동자의 건강에 1달러를 투자할 때 3달러를 회수한다는 연구도 있다. 2009년에는 근로자 복지법을 제정해 기업이 공인된 건강 관리 프로그램을 도입하면 세액 공제를 받을 수 있게 했다.

한국에서도 몇몇 기업이 새로운 시도를 하고 있다. S사는 2011년부터 근골격계 예방 운동센터와 마음 건강 클리닉을 운영하고 있으며, 1대1 맞춤 운동을 제공하고 있다. 국내 게임업계의 큰 기업 N사도 메디컬 센터를 통해 물리치료와 운동 프로그램을 제공한다.

모든 노동자가 이런 프로그램을 누릴 수 있어야 한다. 인식의 변화와 건강 관리 프로그램의 확산이 필요하다. 아프기 전에 예방할 수 있는 운동 치료와 건강 관리가 절실하다. 노동자들이 매 순간 최고의 경기를 뛸 수 있도록, 건강을 지켜주려는 노력이 더해져야 한다.

상상해보자. 모든 회사 의무실에 의사나 물리치료사가 배정된다면 어떨까? 어렵다면 지역마다 자문의사나 자문 물리치료사를 두고 정기적으로 노동자들의 건강을 체크하면 어떨까? 특히 연장 근무나 휴일 노동이 길어지면, 중량물이나 위험물을 취급한 경우, 부상을 당한 경우에는 건강 상태를 충분히 논의한 후 업무 스케줄을 짠다. 이렇게 하면 산업재해를 획기적으로 줄일 수 있을 것이다.

업무 중간에 무거운 것을 들어 통증이 생겼다면 손쉽게 사내 물리치료사를 통해 물리치료와 도수치료를 받을 수 있다면 좋겠다. 단기적으로 건강 상태를 체크하고 더 나은 노동을 위해 필요한 운동이나 주의할 점을 안내받는 것도 필요하다. 주말이나 장기 휴식이 필요할 경우, 회사에서 제공하는 방문 재활 치료도 유용할 것이다.

노동자들은 매일 일터에서 온몸을 다해 경기를 치른다. 체계적인 건강 관리를 개인에게만 맡길 수는 없다. 모든 일터의 노동자가 프로 운동선수들과 같이 체계적이고 철저한 건강 관리를 받는다면, 우리의 풍경은 분명 바뀔 것이다. 사업주, 노동자, 사회가 함께 노력한다면 아프지 않은 세상을 만들 수 있다.

산재,
범위를 알면 두렵지 않다

1

산재가 뭔지 알아야
이야기하지

노동자도 사용자도 산재를 모른다

자동차 블랙박스 영상을 활용한 프로그램이 인기다. 모 변호사가 교통사고에 관련된 법률이나 사례별 과실비율을 안내하며 보험처리 결과를 예측한다. 사람들에게 교통안전의 중요성을 알려주고, 사고가 일어났을 때 발생하는 책임과 보상에 대한 이해를 돕고 있다.

도로 위 수많은 운전자들이 운전면허를 취득하고도 교통법률은 물론이고, 의무적으로 가입되어 있는 보험에 대해 모르는 경우가 많다. 경험하지 않고서야 온전히 알기가 어렵다. 도로 위의 운전자들과 일터의 일하는 사람들도 다르지 않다. 일하는 사람은 누구나 사고나 질병을 겪을 수 있다. 누구나 산업재해를 당할 수 있다. 하지만 산업재해에 대해 모르는 것이 너무 많다. 노동자도 사용자도 산재를 모르는 채로 산재를 경험하는 경우가 너무 많다.

산재라는 단어를 들어본 적은 있을지 몰라도 그것이 무엇인지 내게 어떻게 도움이 되는지 모르는 경우가 대다수다. 무엇이 산재인지, 산재를 받아도 괜찮은 이유가 무엇인지, 산재의 무엇이 좋은지에 대해 자동차보험이나 민간 보험보다 모르는 경우가 많다.

왜 산재보험을 만들었나?

일하다 만난 사고나 질병은 재해다. 재해는 늘 예고 없이 찾아온다. 예고 없이 찾아온 재해의 기간이 길어질수록 가장 무서운 것은 경제적인 위협이다. 노동을 제공하지 못해 정기적으로 받아오던 월급을 받지 못하는 것은 물론이고, 사고나 질병을 치료하기 위해 필요한 각종 요양비 부담이 발생한다. 그래서 업무상 재해가 발생하면 노동자를 비롯해 노동자의 가족의 생계가 위협받는다. 이런 비용에 대한 부담이 너무 크면 제때 제대로 치료받기 어렵고 신속하게 업무로 복귀하기가 힘들다.

산재보험은 이러한 위험으로부터 **노동자**를 보호한다. 노동자가 언제 닥칠지 모를 사고나 질병으로부터 대비할 수 있도록 사회보험, 공공보험의 형태로 사업주로부터 보험료를 징수하고, 이를 통해 보상한다. 재해로 인한 휴업 중에

70% 급여가 지급되고, 요양에 필요한 치료비 등에 대한 부담이 줄어든다. 회사의 허락을 받을 필요도 없고, 다툴 필요도 없다. 치료와 회복에 집중할 수 있도록 한다.

산재보험은 **사용자도** 보호한다. 노동자가 치료와 회복이 늦어져 업무에 복귀하지 못하는 동안 사용자에게도 손실이 발생한다. 노동자가 빠르게 재해에서 벗어나는 것이 사용자에게 이롭다. 또 사회보험 형태로 노동자의 업무상 재해에 대해 보상해주고 보상의 범위도 정리된다. 업무상 재해인지 여부는 근로복지공단이 판단해주고 산재보험을 통해 보상받는 범위 만큼 노동자에 대한 책임을 면한다. 예측하기 어려운 보상에 대한 책임이 정돈되고, 제한되니 사용자는 보상에 대해 너무 복잡하게 생각하지 않아도 된다. 심지어 보험료도 민간 보험과 비교했을 때 엄청나게 싸다.

산재보험은 **우리 사회**를 보호한다. 산재보험은 재해에 대한 보상절차를 국가가 담당해 불필요한 다툼을 없애준다. 누구도 혼자 위험을 다 떠안지 않도록 만들어 주고, 불필요한 분쟁을 줄여줘 비용과 시간에 있어서도 효율적이다. 공정한 절차와 보상은 업무상 재해로부터 우리 경제의 구성원인 사업장도 노동자가 속한 가족들을 지키는 역할을 한다. 또 보상을 집행하는 국가가 적극적으로 재해를 예방하도록 만든다.

'산재를 한다'는 것

그렇다면 '산재를 한다'는 것은 무엇일까? '산재를 한다'는 것은 업무상 재해를 근로복지공단으로부터 인정받고 적절한 보상을 받는 것을 말한다.

산재는 근로복지공단에서 관장한다. 근로복지공단은 산업재해보상보험법(이하 '산재법')을 구체적으로 집행하는 공공기관이다. 산재법 제1조는 산재보험보상 사업을 통해 노동자의 업무상의 재해를 신속하고 공정하게 보상하는 것을 목적으로 한다고 정하고 있다.•

아픈 노동자는 근로복지공단에 산재를 신청한다. 근로복지공단은 재해 경위를 조사한다. 근로관계 상병상태, 평균임금, 제3자행위 등을 확인한다. 질병의 경우에는 역학조사, 의학자문 등을 통해 업무와 인과관계를 있는지 판정하고 업무상 재해 여부를 결정한다.

산재를 한다는 것은 이런 조사를 통해 근로복지공단 승인을 받는 모든 과정을 의미한다. 민간 보험으로 적용하는 교통사고의 경우에도 사고 사실만으로 보험금이 지급되지 않는다. 조사가 진행되고 심사결과 지급이 결정되어야 보험

• 또 재해 노동자가 재활하고 빠르게 사회 복귀할 수 있도록 이에 필요한 보험시설을 설치·운영하기도 한다. 대표적으로 지역 거점마다 설치되어 있는 11개의 근로복지공단 병원이 있다. 26년 12번째 울산병원이 건립될 예정이다. 재해 예방을 위한 사업과 산재근로자 복지를 비롯해 노동자의 복지 증진을 위한 다양한 사업을 시행하여 노동자를 보호하고 있다.

금이 지급된다. 일을 하다 아프거나 다쳤다고 해서 무조건 산재인 것이 아니라 근로복지공단의 인정이 꼭 필요하다.

무엇이 인정받는 산재인가?

산재는 법률용어로 업무상 재해를 말한다. 업무상 재해는 업무를 이유로 한 노동자의 부상·질병·장해 또는 사망을 말한다. 중요한 포인트는 여기에 있다. 업무를 이유로 발생한 재해에 대해서만 보상한다는 것이다. 무엇을 기준으로 판단할까?

장소일까? 보통 업무를 이유로 한다는 의미에 대해 일을 하는 중에 다쳐야 한다거나, 일하는 장소에서 아파야 한다고 생각한다. 예전에는 회사 밖에서 넘어져 다칠 때도 회사 정문 안으로 굴러 들어가야 산재라고 설명할 정도였다. 질병이나 사고가 발생한 시점에 있었던 공간이 '일터'라는 사실 관계가 '업무와 관련있음'을 충분히 설명해주는 포인트이기 때문이다.

시간일까? 흔히 업무시간 중에 다쳐야 산재로 인정받을 수 있다고 생각한다. 일을 하는 과정에서 무거운 물건을 들어 올리다 삐끗하거나, 기구에 부딪혀 근골격계가 다치는 경우 산재로 인정받는다는 것이 일반적이다. 하지만 휴식시간이나 출퇴근 시간과 경로에서 다친 경우에도 산재로 인정받을 수 있다. 게다가 우리가 앓는 근골격계질환은 특히 일하고 난 뒤 아픈 경우가 대다수이다. 어떻게 판단하는 걸까?

산업재해로 인정받기 위해서는 '**업무 수행성**'과 '**업무 기인성**'이 있어야 한다.

'**업무 수행성**'은 주로 1차적인 판단 기준이 된다. 말그대로 업무를 수행중에 발생한 사고 또는 질병이어야 한다는 것이다. 일을 하다 삐끗하거나, 부딪히거나 넘어져 다치는 경우가 업무수행성을 통해 인정받는 경우에 속한다. 장소나 시간적으로 일을 하던 중에 다쳤기 때문에 산재로 인정받기 쉬운 편에 속한다.

'**업무 기인성**'이 있으면 산재가 된다. 시간이나 장소가 직접 연결되지 않았더라도 사고나 질병이 업무에 의해 발생했다는 것을 의미한다. 업무와 재해의 인과관계를 설명할 수 있어야 한다는 것이다. 시간과 장소가 특정된 업무수행성보다 더 넓은 개념이다.

특히나 근골격계질환은 특정한 시점에 발생하는 경우도 있지만 아주 오랫동안 누적된 결과일 가능성이 높다. 아주 오랫동안 앉거나 서서 일하다 누적된 스트레스로 디스크가 발병하는 경우가 대표적이다. 그래서 당장 오늘 업무수행 중에 또는 일터가 아닌 다른 곳에서 통증이 시작되는 경우도 있다. 이런 경우 산재로 인정받기 위해 '업무 기인성'에 초점을 두어야 한다.

'업무기인성'에 대해 판례는 '업무와 재해 사이에 상당한 인과관계가 있다'고 표현한다. 이 인과관계가 의학적, 과학적으로 명백히 입증되어야만 하는 것이 아니다.

아픈 노동자의 당시 건강 상태, 노동 환경, 유해요인 등을 고려해 볼 때, 그 재해가 업무로부터 비롯된 질병일 가능성이 높다고 판단할 수 있는 정도이면 된다. 누구나가 아니라 나에게만 업무기인성이 확인되면 된다는 것이다.

해당 일을 하지 않았더라면 발생하지 않았을 것이라고 인정되거나, 해당 일때문에 결국 발생했다는 것이 인정되면 '업무기인성'이 있다고 본다.

산재는 사고와 질병으로 구분한다

산재는 '업무상 사고'와 '업무상 질병'으로 구분한다. '업무상 사고'가 순간적인 물리력으로 발생하는 것이라면, '업무상 질병'은 오랫동안 노출·누적되거나 화학적으로 발생하는 경우가 일반적이다. 중요한 것은 '업무상 사고'인지 '업무상 질병'인지에 따라 산재 진행 과정이 달라진다는 점이다. 이에 따라 산재를 인정받기 위한 절차와 전략이 달라지므로 어떤 차이가 있는지 살펴볼 필요가 있다.

업무상 사고

① 노동자가 근로계약에 따른 업무나 그에 따르는 행위를 하던 중 발생한 사고

② 사업주가 제공한 시설물 등을 이용하던 중 그 시설물 등의 결함이나 관리소홀로 발생한 사고

③ 사업주가 제공한 교통수단이나 그에 준하는 교통수단을 이용하는 등 사업주의 지배 관리 하에서 출퇴근 중 발생한 사고

④ 사업주가 주관하거나 사업주의 지시에 따라 참여한 행사나 행사준비 중에 발생한 사고

⑤ 휴게 시간 중 사업주의 지배관리하에 있다고 볼 수 있는 행위로 발생한 사고

⑥ 그 밖에 업무와 관련하여 특수한 장소에서 발생한 사고

업무상 질병

① 업무수행 과정에서 물리적 인자(因子), 화학물질, 분진, 병원체, 신체에 부담을 주는 업무 등 근로자의 건강에 장해를 일으킬 수 있는 요인을 취급하거나 그에 노출되어 발생한 질병

② 업무상 부상이 원인이 되어 발생한 질병

③ 그 밖에 업무와 관련하여 발생한 질병

'업무상 사고'는 명확히 원인이 파악되는 경우가 대부분이다. 시간이나 장소 등 사고의 원인이 눈에 분명하게 보이는 것이 특징이다. '업무수행성'을 중심으로 입증할 필요가 있다.

'업무상 질병'은 업무상 사고에 비해 '업무수행성'이 선명하지는 않다. 다양한 유해 원인들이 있고 그 원인에 의해 장기간 노출되고 축적되어 발생하는 것이 특징이다. 다양한 유해요인들을 검토하고 '업무기인성'을 확인해야 한다.

산재를 이해해야 하는 이유

산재는 불현듯 찾아온다. 경험하지 않고서는 알기 어렵다. 내용도 한 번에 이해되지 않고 익숙하지 않다. 게다가 산재 관련 용어들은 법률용어가 뒤섞여 보기만 해도 어렵고, 때로는 복잡하기까지 하다. 뭔지 알아야 이야기하지라는 말이 나오는 것은 어쩌면 당연하다.

특히 산재를 인정받아야 하는 노동자 입장에서는 산재가 더욱 어렵다. 산재는 결국 노동자에게 제대로 보상을 받을 수 있느냐 없느냐의 문제다. 간절한 입장에서 어려운 용어들이나 잘못된 정보들은 치명적이다. 무언가를 입증해 인정받아야 한다는 것 자체가 부담이다.

그렇다고 해서 너무 어렵게 볼 필요는 없다. 오히려 이해하기 쉬운 측면도 있다. 산재의 목적과 범위, 그리고 산재를 인정하는 기준은 명확하기 때문이다. 오히려 보수적인 성격을 가지고 있어서, 법이나 지침이 정하고 있는 기준을 벗어나는 경우가 거의 없다. 또 특이한 사례가 드문 편이어서, 산재는 굉장히 흔하고 비슷하다. 알면 알수록 자신감이 생길 것이다.

산재는 보험이다. 예상치 못한 사고나 위험에 대비하기 위한 안정망이다. 언제든 누구든 일터에서 아플 수 있고, 그때 산재는 꼭 필요하다. 블랙박스 영상 프로그램을 시청할 때처럼 우리는 어떤 것이 위험한지, 무엇을 조심해야 하는가, 위험에 처했을 때 대처방안, 보상은 얼마나 기대할 수 있는지를 고민할 필요가 있다. 알아두면 힘이 될 것이다.

전문가 수준으로 법을 깊이 이해하고 있지 않아도 된다. 산재에 대해 자주 이야기를 접하고 나누는 것은 언제든 가능하다. 또 필요하다. 알면 알수록 힘이 될 것이다. 산재에 대해 이해할수록 우리는 일터의 위험요소를 더 잘 살필 수 있고, 예기치 않은 위험에 효과적으로 대응 할 수 있는 힘이 생길 것이다.

2

묻지도 따지지도 않는
산재가 있다

산재는 보험이다

미래의 불확실성이 클수록 보험의 필요성이 커진다. 보험은 오늘의 작은 비용으로 미래의 큰 위험에 대비할 수 있게 해준다.

불확실한 미래가 현실로 다가왔을 때, 보험은 더욱 큰 힘을 발휘한다. 교통사고나 여행 중의 사고, 질병, 갑작스러운 사망 등 다양한 상황에서 보험이 도움이 된다. 따라서 위험이 현실이 되었을 때는 보험의 혜택을 적극 활용해야 한다는 생각이 지배적이다.

산재보험 역시 보험의 일종이다. 그러나 보험은 "타먹어야 제 맛"이라는 통념과는 다르게 사람들은 산재보험을 잘 활용하지 않는다. 그 덕에 산재신청률이 낮은 편이다. 산재신청률이 낮으니 건강보험이 곤욕을 치른다.

　다행히 건강보험 시스템이 잘 작동하고 있어서 아픈 노동자가 치료를 받지 못하는 경우는 없지만, 건강보험공단은 매년 적자를 겪고 있다. 산업재해를 신고하지 않고 산재보험이 아닌 건강 보험으로 치료를 받다 적발된 건수만 2020년부터 2024년 6월까지 19만 건에 육박하는 것으로 나타났다. 적발 금액은 263억 200만 원에 달한다. 건강보험법은 업무상 재해로 건강보험 급여를 받는 경우 급여를 제한하고, 산재 은폐나 미신고로 보험급여를 받은 사람에 대해 보험급여에 상당하는 급여를 징수하도록 정하고 있다.●

산재 오해말고 이해하세요

　왜 많은 이들이 산재를 신청하지 않을까? 일터에서 산재에 대한 이야기를 꺼리는 분위기가 형성되어 있고, 일부 병원에서는 회사의 허락을 받아오라고 요구하기도 한다. 이런 이유로 산재라는 단어를 꺼내는 것이 두려워진다. 당연히 안내받고 이용하는 것이 아니라, 허락 받아야 하는 불안한 상황에 놓이게 되는 것이다.

● "산재 숨기고 건보 치료 19만건…241억8300만원 환수", 청년의사, 2024.09.30.(검색일: 2024.11.05.)(URL: https://www.docdocdoc.co.kr/news/articleView.html?idxno=3021440)

잘못된 정보의 영향이 크다. 잘못된 정보는 막연한 두려움을 만들어낸다. 또 불필요한 오해로 산재에 대한 부정적인 인식을 확산시킨다. 올바른 이해도 부족하다. 산재를 제대로 이해하고 소통하기 위해서는 이러한 오해를 극복해야 한다. 산재에 대한 오해를 이해로 전환할 필요가 있다.

하나, 산재보험에 가입하지 않아서 못 받는다?

우선 산재보험의 보험 가입자는 사업주다. 노동자를 고용하는 모든 사업장이 가입해야 한다. 고용하는 노동자가 정규직, 비정규직, 아르바이트, 단시간, 일용직, 외국인, 불법체류자 어떤 형태의 노동을 제공하든 상관없다. 1명이라도 고용한다면 사업주는 산업재해보상보험에 가입해야 한다.

사실상 강제로 가입되는 사회보험으로 '당연가입'이라고 부른다. 일반적으로 본인이 선택해 가입하는 민간 보험과는 다른 점이다. 당연가입 사업장의 사업주는 가입 의사가 있든 없든 보험료 신고 및 납부의무를 갖게 된다. 사업장이 산재보험에 가입되어 있지 않더라도 업무상 재해에 대한 신청도 보상이 가능하다.

둘, 보험료가 밀려서 보상받지 못 한다?

만약 사업주가 산재보험료를 납부하지 않았더라도, 노동자는 업무상 재해에 대해 보험급여를 받을 수 있다. 보험료 납부 의무는 사업주에게 있다. 보험료를 납부하지 않았다고 해서 노동자에 대한 보상이 거부되지 않는다. 일단 보상한다. 그리고 미가입이나 보험료 미납에 대한 처벌, 소급된 보험료의 납부, 그리고 보험급여에 대해 사업주가 일정한 책임을 지도록 한다.

셋, 사업주도 보상받을 수 있다.

사업주도 일하다 다쳤을 때 산재 보상을 받을 수 있다. 300인 미만 노동자를 사용하는 사업주나 무급으로 일하고 있는 사업주의 가족들도 산재보험에 임의로 가입하면 보상받을 수 있다. 산재보험료는 보험 연도마다 고용노동부 장관이 고시하는 월 단위 보수액의 12개 등급 중 하나를 선택하고 이에 따른 보험요율을 적용해 산정한다.

혼자 일하는 자영업자나 함께 일하는 중소기업의 사업주도 늘 일터의 위험에 노출되어 있다. 중소기업 사업주가 산재보험에 임의로 가입하면 사업주의 업무상 재해에 대해서도 보상을 해준다. 업무상 재해의 범위는 노동자와 같다. 업무상 사고부터 업무상 질병, 출장 중 재해, 출퇴근재해 등등 그 범위가 민간 보험보다 훨씬 넓은 데다, 보험료는 일반보험보다 매우 저렴하니 사업주도 산재보험에 가입할 필요가 높다.

넷, 사업주 동의를 묻지 않는다.

산재보상을 처음 신청할 때는 최초 요양신청서를 작성해야 한다. 2018년까지 요양신청서에는 원칙적으로 사업주의 날인이 필요했다. 하지만 그때도 사업주가 동의하지 않아도 산재를 신청할 수 있었고, 보상도 받을 수 있었다. 그럼에도 불구하고 여전히 일부 병원에서는 사업주가 산재를 신청해야 한다거나, 사업주의 동의가 반드시 필요하다는 잘못된 정보로 질문을 받기도 한다.

하지만 사실은 전혀 다르다. 산재는 노동자가 직접 신청하고, 그에 대한 보상을 받는 제도다. 사업주의 동의나 확인은 필요하지 않으며, 노동자가 원하면 언제든지 산재를 신청할 수 있다.

다섯, 심하게 다치지 않아도 된다.

상담하다 보면 "그 정도 다친 걸로 산재입니까?" "이것도 산재예요?"라는 질문을 자주 받는다. 많은 노동자들이 산재 신청을 위해서는 반드시 크게 다쳐야 한다고 잘못 생각하는 경우가 많다.

실제로 산재는 4일 이상의 요양이 필요한 경우에 신청할 수 있다. 병원에서 4일 이상의 치료가 필요하다는 진단을 받으면 산재를 신청할 수 있다. 만약 요양이 3일 이하라면 사용자를 상대로 보상을 요구하면 된다. 이는 근로기준법상 사용자가 재해에 대한 보상 책임을 지기 때문이다.

따라서, 작은 부상도 무시하지 말고 적절한 절차를 통해 보상을 받는 것이 중요하다.

여섯, 출퇴근길에 넘어져도 산재다.

회사에 출근하는 길에 대중교통을 이용하다가 교통사고가 발생하거나, 길을 가다 넘어지거나, 어린이집이나 마트를 들렀다 퇴근하는 길에 다쳐도 산재로 인정될 수 있다. 이 경우, 집과 회사 사이의 통상적인 경로여야 하고 중간에 일탈이나 중단 행위가 없어야 하지만 우리가 상식적으로 생각하는 출퇴근길에 일어나는 모든 사고들이 산재가 될 수 있다고 생각하면 된다.

일곱, 공상처리해도 산재다.

산재 대신 공상을 하자고 제안하는 사업주들이 있다. 공상은 산재를 신청하지 않고 사업주가 치료비나 일부 급여를 지급하는 방식이다. 하지만 법적으로 공상이라는 개념은 존재하지 않는다. 어떤 이유에서든지, 어떤 것을 감수하든지 산재를 신청하지 않고 공상을 하자고 하는 경우가 많다.

노동자 입장에서는 당장 치료비와 일부 급여, 보상비를 받을 수 있고 사업주와의 관계를 복잡하게 만들고 싶지 않아 공상을 받아들이는 경우가 많다. 하지만 공상은 재발이나 악화된 부상, 질병에 대해 충분한 보상을 제공하지 않으며, 법적인 보호도 받지 못한다. 장기적으로 보면 산재 신청이 공상보다 훨씬 유리하다.

이미 공상으로 보상을 받았다고 해서 걱정할 필요는 없다. 사업주가 공상 처리하면 산재를 신청할 수 없다고 오해하는 경우가 많은데, 사실 전혀 그렇지 않다. 공상 처리에도 불구하고 산재를 신청할 수 있다. 단, 재해가 발생한 날로부터 3년 이내에 신청해야 한다.

여덟, 보험료 부담 크지 않다.

보험료가 무척 저렴하다. 전년도 월 평균보수에 산재보험요율을 곱한 값이 매월 납부할 보험료가 된다. 산재보험요율은 '사업종류별 산재보험요율'과 '출퇴근재해 산재보험요율'로 구성된다. 2024년 기준 평균산재보험요율은 1.47%이고, 노동부가 고시하는 사업종류별 산재보험료율 고시에 따라 보험료가 달라진다.

아홉, 보험료가 쉽게 오르지 않는다.

산재 신청을 피하는 가장 큰 이유 중 하나가 보험료 인상에 대한 오해다. 일반적인 보험은 사고나 질병으로 수급하면 보험료가 급격히 인상되는 경우가 많다. 보통 민간 보험 회사들이 보험료 인상으로 리스크를 관리하기 때문이다.

하지만 산재보험은 다르다. 30인 미만 사업장은 산재 신청을 하더라도 보험료가 전혀 인상되지 않는다. 업무상 질병이나 출퇴근 재해는 산재 보험료 인상에 전혀 영향을 주지 않는다.

보험료 인상은 오직 30인 이상 사업장에서 발생한 업무상 사고에만 영향을 미친다. 그러나 이 경우에도 보험료가 쉽게 오르지 않는다. 사업장별로 과거 3년간 납부한 산재보험료와 지급받은 산재보험급여의 비율에 따라 결정되며, 해당 비율이 85%를 초과해야 보험료가 인상된다. 민간보험처럼 보험료가 쉽게 오르지 않는다. 오히려 75% 이하라면 최대 20%까지 인하될 수 있다.

또한, 50인 미만 사업장의 사업주는 매년 안전보건공단이 인정하는 교육을 받으면 10%, 3년마다 위험성 평가를 실시하면 20%의 보험료 인하를 받을 수 있다.

열, 사업주와 노동자의 과실을 따지지 않는다.

산재는 정말 묻지도 따지지도 않는다. 산재는 노동자의 잘잘못을 따지지 않는다. 회사의 관리소홀이 있었는지도 묻지 않는다. 이를 무과실 책임주의라고 한다. 깨알같이 작은 글씨로 보험약관을 확인하고, 본인 과실이 조금이라도 있으면 보험을 적용받을 수 없는 민간보험과 확연히 다른 지점이다.

민법상 손해배상처럼 몇 대 몇 과실범위에 따라 실제 손해액을 산출해 그만큼 보상하지 않는다. 노동자에게 발생한 사고와 업무상 질병, 즉 업무상 재해임이 확인되면 법이 정하고 있는 대로 보상한다. 노동자의 실수나 잘못이 있더라도 이와 상관없이 보상받을 수 있다. 단지 고의나 자해 행위, 범죄 행위인 경우에는 보상하지 않는다.

열하나, 노동부 감독이 심해지지 않는다.

사업주의 경우 산재를 신청하면 노동부, 산업안전보건공단, 근로복지공단 여러 기관에서 특별감독이나 점검이 이루어지는 등 집중관심을 받게 될 것이라고 오해한다. 다수가 질병에 걸리거나 사망하지 않는 이상 산재 신청을 한다고 해서 특별감독이나 점검을 나오지 않는다. 산재를 신청하면 업무상 재해인지 판단하기 위해 조사가 이루어질 뿐이다. 점검이 나온다 하더라도 산재 예방 지도 또는 개선에 목적이 있지 처벌이나 감독에 초점을 두지 않는다.

이제 묻지도 따지지도 않고 산재다

산재보험은 1884년 독일에서 처음 도입된 이후, 가장 오래된 사회보험 중 하나다. 우리나라에서도 4대 보험(국민연금, 건강보험, 고용보험, 산재보험) 중 가장 먼저 생겼다. 그만큼 일터에서 발생하는 사고나 질병으로 인한 손해를 보호하는 것이 중요하고, 모두에게 유리하기 때문이다.

산재보험은 민간 보험보다 저렴한 보험료로, 일터에서 발생하는 다양한 재해에 대해 폭넓은 보상 체계를 제공한다. 이는 불확실한 치료 기간과 보상에 대한 사업주의 부담을 줄여주며, 사업주 역시 산재보험에 가입하면 동일하게 보상을 받을 수 있다.

노동자가 출근길에서 퇴근길에 이르기까지 일과 관련된 거의 모든 불확실한 위험으로부터 보호받을 수 있다. 사업주에게 이미 공상처리를 받은 경우에도 신청할 수 있고, 산재보험에 가입되어 있지 않거나 보험료가 밀려 있더라도 보상을 받을 수 있다.

사업주에게도 노동자에게도 과실을 묻지 않는다. 책임을 추궁하거나 죄인처럼 다루지도 않는다. 충분히 일터에서 일어날 수 있는 일이기 때문이다. 산재는 오로지 일터에서 일하는 모두를 위해 신속하게 보상하고 치료하는 데 중점을 둔다.

그리고 앞으로 같은 재해가 발생하지 않도록 예방하는 데 초점을 둔다. 산재 신청으로 인한 감독이나 점검이 이루어지지 않고, 보험료가 너무 인상되지 않을까 하는 걱정도 막연한 공포일 뿐 실체가 없다.

산재보험의 취지를 이해하고 잘못된 정보들을 걷어내고 나면 결론은 단 하나다. 일하다 다치거나 아프면 묻지도 따지지도 않고 산재를 신청해야 한다는 것이다.

3

요양에서 재활까지
산재로 보상받자

산재보험급여 8가지

산재를 인정받은 노동자는 산업재해보상보험법에 따르는 보상을 받을 수 있다. 치료를 받는 동안에 대해 보상하는 요양급여, 휴업급여, 상병보상연금과 치료가 끝난 뒤 지급하는 장해급여, 간병급여, 직업재활급여, 혹여 재해 노동자가 사망한 경우 가족에게 지급하는 유족급여, 장의비에 이르기까지 총 8가지의 급여가 있다.

산재보험은 갑작스러운 재해가 발생했다 하더라도 재해 발생 전 평균적으로 받던 임금을 고려해 생활 수준을 보호하도록 제도화 되었다. 산재로 인정되면 노동자가 받던 평균임금을 기초로 법령에서 정하는 기준에 따라 산정하여 보상한다.

실비보상 성격인 요양급여를 제외한 모든 산재보험 급여는 평균임금을 기초로 한다. 평균임금은 재해발생일 이전 3개월 동안에 노동자가 받은 임금의 총액을 해당 기간 동안의 총 일수로 나눈 금액을 말한다.

치료가 필요할 때 요양급여

요양급여는 병원에 직접 지원해 노동자에게 치료를 제공하도록 하는 현물급여 성격을 갖고 있다. 근로복지공단이 직접 설치하거나 지정한 의료기관에서 요양을 하고 비용을 의료기관에 직접 지급하는 것을 원칙으로 한다.

하지만 대부분 재해 노동자는 본인의 생활권역 병원을 찾거나, 긴급한 상황에서 가장 가까운 병원으로 간다. 근로복지공단이 지정한 병원이 아닐 가능성이 높다. 또 산재를 신청하면 업무상 재해인지 판단하는 데 시간이 소요되기 때문에 요양급여가 즉각 처리되지는 않는 경우가 대부분이다. 그래서 노동자나 사용자가 먼저 지불하고, 이후 산재가 승인되면 요양비를 별도로 청구하는 것이 일반적이다. 그러다 보니 재해 노동자에게 치료비를 지급하는 것으로 많이 오해한다. 또 치료와 동시에 발생하는 요양비를 누가 지불하는지에 대한 문제도 발생한다. 보통 노동자가 지불한 뒤에 요양비를 지급받는다.

회사가 진료비 등을 일체 먼저 부담한 경우 산재승인 후 회사가 요양급여를 지급받을 수 있다. 회사가 먼저 병원에 진료비, 수술비, 약제비 등을 먼저 지불한 경우에는 근로복지공단에 대체지급 청구서를 제출하면 근로복지공단이 적용 보험급여를 회사에 지급한다.

업무상 재해로 치료를 받는 동안 발생한 진찰 및 검사비, 수술비, 재활치료비, 입원비, 간호 및 간병비 등을 지급한다. 단, 모든 치료비가 100% 요양급여로 보상되지는 않는다. 근로복지공단에서 정한 수가가 기준이 되어 급여항목이 정해져 요양급여가 지급된다. 비급여라고 불리는 치료항목에 대해서는 산재가 승인되더라도 지급되지 않는다.

모든 치료비가 다 지급되는 줄 알고 오해하는 분들도 있어 이후에 항의하는 노동자도 더러 있다. 오히려 비용 부담을 고민해야 할 수 있으니 이에 대해 치료 전 병원과 보험급여 범위를 잘 상의하는 것이 필요하다.

아파서 일할 수 없을 때 받는 휴업급여

때로는 치료를 위해 요양하는 동안 일을 할 수 없는 산재노동자가 있다. 이런 경우 급여가 중단되는 문제가 발생한다. 산재를 겪은 노동자와 가족 모두가 어려움을 겪게 된다.

근로복지공단은 휴업급여를 지급한다. 요양으로 인해 취업하지 못한 기간 동안 재해 노동자와 그 가족의 생활을 보호하기 위한 것이다. 평균 임금의 70%에 해당하는 금액을 지원한다. 그러나 진단에 따라 요양 기간 동안 취업이 가능한 경우, 노동을 통해 임금을 받을 수 있으므로 휴업급여는 지급되지 않는다.

요양 기간 동안 취업 가능 여부는 의사가 판단한다. 따라서 산재 신청서를 작성할 때 의사 소견서를 미리 확인하는 것이 중요하다.

만약 소견서에 "취업 치료 불가능"이라고 적혀 있다면, 입원 상태가 아니더라도 요양 기간 동안 휴업급여를 받을 수 있다. 반면, "취업 치료 가능"으로 기록된다면, 요양 기간 전체가 아닌 실제 병원을 방문한 치료 일수(통원 일수)에 대해서만 휴업급여를 받을 수 있다.

요양이 길어진다면 상병보상연금

산재 노동자가 치유되면 요양이 종료된다. 여기서 '치유'는 재해 이전의 건강 상태로 회복되는 것을 의미하지 않는다. 산재에서의 치유는 고정된 상태를 뜻한다. 완치되었거나, 더 나아지지도 나빠지지도 않는 등 치료의 효과를 더 기대할 수 없는 고정된 상태를 말한다.

그러나 요양급여를 받는 노동자가 요양 시작 후 2년이 경과하더라도 치유가 되지 않고 중증 요양 상태(1~3급)에 해당되는 경우, 휴업급여 대신 상병보상연금이 지급된다.

중증 요양 상태(1급~3급)는 고정되지 않은 상태이면서, 일상생활은 가능하나 일을 할 수 없는 상태를 의미한다. 예전에는 '폐질'이라고 불렀다.

이 경우, 요양을 하고 있는 산재보험 의료기관에서 발급받은 중증요양상태진단서를 첨부하여 근로복지공단에 제출하는 방식으로 상병보상연금을 신청한다. 근로복지공단은 휴업급여 대신에 보상수준을 향상시켜 연금형태로 지급한다. 평균 임금 × 중증 요양 상태 등급 일수/365로 산정한 금액을 1일당 상병보상연금으로 지급한다.

장해가 남았을 때는 장해급여

때로는 산재 노동자에게 영구적인 장해가 남는다. 요양이 종료된 이후 정신적 또는 신체적 결손이 남게 되는 경우 그 장해로 인한 노동력 손실보전을 위하여 장해급여를 지급한다. 요양이 끝난 뒤에 장해여부를 판단한다. 따라서 요양급여가 종결된 이후에 장해급여를 신청할 수 있다.

산재보상보험법은 신체부위별로 장해등급과 이를 판정하는 기준을 두고 있다. 근로복지공단은 요양이 종결되고 장해보상을 신청한 재해노동자의 장해등급을 결정한다.

법이 정하고 있는 장해등급●에 따라 장해연금 또는 일시금으로 지급 받는다. 장해 1급에서 3급까지는 연금으로만 지급한다. 1년~4년분의 $\frac{1}{2}$에 해당하는 금액을 선지급 받을 수 있다. 장해 4급부터 7급까지는 일시금과 연금 중에 선택할 수 있고, 연금으로 선택할 시 그 연금의 2년분의 $\frac{1}{2}$에 해당하는 금액을 선지급 받을 수 있다. 장해 8급부터 14급까지는 일시금으로만 지급한다. 일시급 기준 가장 낮은 14급은 55일분 평균임금에 해당하고, 가장 높은 1급은 1,474일분을 일시금으로 받을 수 있다.

요양 후 간병이 필요할 때는 간병급여

요양이 끝난 뒤에 경우에 따라 간병인의 도움이 필요한 경우가 있다. 의학적으로 상시 또는 수시로 간병이 필요하여 실제로 간병을 받는 노동자에게 간병급여가 지급된다.

간병이 상시로 필요한지 수시로 필요한지, 전문 간병인이 돌보는지 가족이나 기타 간병인이 돌보는지에 따라 달라진다.

● 「산업재해보상보험법」 제57조제2항·제3항 본문 및 별표2 장해급여표

상시 간병급여 지급 대상은 신경계통의 기능, 정신기능 또는 흉복부 장기의 기능에 장해등급 제1급에 해당하는 장해가 있거나 두 눈, 두 팔 또는 두 다리 중 어느 하나의 부위에 장해등급 제1급에 해당하는 장해가 남고, 다른 부위 에 제7급 이상에 해당하는 장해가 남아 간병이 필요한 경우를 말한다.

수시 간병급여 지급 대상은 신경계통의 기능, 정신기능 또는 흉복부 장기의 기능에 장해등급 제2급에 해당하는 장해가 있거나 어느 하나의 부위에 장해등급 제1급에 해당하는 장해가 남아 수시로 간병이 필요한 경우를 말한다.

전문간병인은 간호사 또는 간호조무사나 요양보호사 등 공단이 인정하는 간병교육을 받은 사람을 말한다.

간병급여 지급대상자가 무료 요양소 등에 입소해 간병비용을 지출하지 않거나, 지출한 간병비용이 간병급여액에 미달하는 경우에는 간병급여를 지급하지 않거나 실제 지출된 간병비용만 지출한다.

복귀를 위한 직업재활급여

복귀를 지원하는 보상도 있다. 다만 장해가 남은 산재 노동자에게만 제공된다. 1급에서 12급 사이 장해급여 또는 진폐보상연금을 받은 사람이나 장해급여를 받을 것이 명백한 노동자가 취업하고 있지 않고, 다른 직업훈련도 받지 않고 있어야 지급되는 급여다.

직업재활급여는 직업훈련비용, 직업훈련수당과 사업주를 위한 직장복귀지원금, 직장적응훈련비 및 재활운동비로 나뉜다.

직업훈련비용, 직업훈련수당

취업을 위해 근로복지공단과 계약한 직업훈련기관에서 직업훈련을 받을 때, 직업훈련기관에 직업훈련비용이 지급된다. 직업훈련을 시작하면 1개월 이후부터 일정 조건을 충족하면 직업훈련기간과 직업훈련 때문에 취업하지 못하는 기간에 대해 최저임금에 상당한 금액을 수당으로 지급한다.

직장복귀지원금

사업주가 장해급여자에 대해 요양종결일 또는 직장복귀일부터 6개월 이상 고용을 유지하고 그에 따른 임금을 지급해야 지급된다.

직장적응훈련비

사업주가 장해급여자에 대해 그 직무수행이나 다른 직무로 전환하는 데에 필요한 직장적응훈련을 실시한 경우 지급한다. 요양종결일 또는 직장복귀일 직전 3개월부터 이후 6개월 이내에 직장적응 훈련을 시작하고, 6개월 이상 고용을 유지해야 한다.

재활운동비

사업주가 장해급여자에 대해 그 직무수행이나 다른 직무로 전환하는 데 필요한 재활운동을 실시한 경우 지급한다. 요양종결일이나 직장 복귀 일부터 6개월 이내 재활운동을 시작해야 하고, 재활운동이 끝난 날의 다음 날부터 6개월 이상 고용을 유지해야 한다.

유족을 지켜주는 유족급여

노동자가 업무상 사유로 사망한 경우 유족의 생활보장을 위하여 지급되는 보험급여를 말한다. 수급자격자의 범위 또는 신청 여부에 연금 또는 일시금으로 지급된다. 유족보상 연금은 유족보상연금을 받을 수 있는 자격이 있는 유족에게 지급한다.

1일 평균임금에 365를 곱하여 얻은 금액의 기본 47%, 최대 67% 범위 안에서 결정되어 지급된다. 유족보상일시금은 유족보상연금 대신 유족보상일시금을 신청하거나, 유족보상연금을 받을 수 있는 자격이 있는 유족이 없는 경우 다음 순위 수급권자에게 지급되며, 평균임금의 1,300일분이 지급된다.

장례를 위한 장의비

업무상 사유로 사망한 노동자의 장례를 지낸 유족 등에게 지급되는 보험급여를 말한다. 실비 보상의 성격을 갖고 있다. 유족은 사망한 노동자의 배우자(사실상 혼인 관계에 있는 자를 포함), 자녀, 부모, 손자녀, 조부모 또는 형제자매를 말한다. 장례비는 노동부가 정하는 최저 최고 금액 범위 안에서 평균임금의 120일분에 상당하는 금액을 그 장례를 지낸 유족에게 지급한다.

4

산재 신청
이렇게 한다

산재는 신청한다고 모두 인정되는 것이 아니다. 산재를 신청하면 노동자의 통증이 산재로 인정되는지, 어떤 보상을 받게 되는지에 대한 확인이 시작된다. 인정받을 수 있도록 신청하기 전부터 준비하는 것이 중요하다.

산재 신청을 어떻게 해요? 떨리는 목소리로 상담을 청하는 노동자들이 대다수다. 반면에 전문가의 도움 없이도 산재 승인을 장담하는 노동자들도 있다. 산재를 처음 신청해본 사람과 산재를 한번이라도 경험해본 사람의 차이는 확연하다.

산재에 대한 이해도가 높을수록, 노동자들은 산재를 대하는 자신감이 크게 달라진다는 뜻이다. 산재 신청 과정을 자세히 살펴보면, 산재에 대한 이해도가 높아지고 자신감이 생길 것이다.

첫째, 병원에서부터 제대로 시작하자

일터에서 아플 때 어디로 가야 할까? 갑작스러운 사고든 질병이든 통증이 느껴진다면 가장 먼저 찾아야 할 곳은 당연히 병원이다. 회사도 노무사 사무실도 아니다. 빠른 치료가 필요하거니와 정확한 진단명이 없다면 산재를 신청할 수 없다.

처음 병원에 방문해 진료 받은 기록을 초진기록이라고 한다. 많은 사례에서 초진 기록의 영향력은 굉장히 크다. 처음 병원을 찾았을 때 언제 다쳤는지, 언제부터 아팠는지, 왜 통증이 시작된 것 같은지, 초진 이전 통증의 양상은 어땠는지에 대해 정확하게 말하지 않으면 산재로 인정받기 어려울 수 있다.

예를 들어 가장 흔한 통증인 요추부염좌로 방문했는데 엊그제 김장을 하다가 또는 운동을 오래 해서 아픈 것 같다거나, 원래부터 아팠다는 내용이 초진기록에 남기면 산재 인정으로부터 거리가 멀어질 수밖에 없다. 앞서 살펴본 업무수행성이나 업무기인성을 가리는 기록이 남기 때문이다.

지금 하고 있는 업무에 초점을 맞춰야 한다. 처음 병원을 방문했을 때 내가 하는 일과 통증의 인과관계를 명확하게 설명할 필요가 있다. 작업 자세나 취급 물품의 무게부터, 스트레스나 노동시간 등 통증을 유발하는 업무의 특징이 무엇인지 최대한 정보를 전달하는 것이 좋다. 정보가 풍부할수록 산재 신청에도 유리하고, 적정한 치료를 받을 수 있다.

그런데 문제는 일반 병원 의사들 역시 산재를 잘 모르는 경우가 많다는 것이다. 특히 산재 신청에는 의사 소견서와 진단서가 필수적인데 산재라고 하면 진단서 발급조차 꺼려하는 경우가 많다. 기왕이면 '직업환경의'가 있는 병원이나 산재지정 병원을 찾는 것이 좋다.

산재 지정병원은 일정한 요건을 갖춰 근로복지공단이 심사해 지정한 병원을 말한다. 물론 산재 지정병원이 아니더라도 산재가 안 되는 것은 아니다. 하지만 산재에 대해 이해가 높은 지정병원으로 옮기는 것이 산재 신청과 이후 처리에 있어 번거로움을 줄일 수 있다. 원무과를 찾으면 직접 산재 신청을 해준다. 근로복지공단 홈페이지에서 산재 지정병원 여부를 확인할 수 있다.

둘째, 진단명과 치료 기간을 확인하자

산재를 신청 하기 전에 질병 코드를 확인하자. 어떤 질병인지 명확히 진단돼야 한다는 것이다. 이 세상에 존재하는 다양한 질병들은 각각 숫자와 알파벳으로 이루어진 코드가 부여되어있다. 이것을 한국국표준질병·사인분류(KCD)에 따른 질병 코드라고 부른다.

소견서 혹은 진단서에서 명확한 진단명, 질병 코드가 확인돼야 한다. 질병 코드를 알아두면 이후 산재를 인정받기 위한 자료를 제출할 때에 큰 도움이 된다. 질병의 특징을 이해해야 업무와 인과관계를 파악할 수 있기 때문이다. 명확한 진단을 받아야 한다. 임상적 추정과 같은 표현으로 진단되어있지 않는지 확인하자. 되도록 확실한 진단이 필요하다.

확실한 진단을 위해 검사비용은 아끼지 않는 것이 좋다. 특히 근골격계질환은 단순방사선 촬영(X-선), 전산화단층촬영(CT), 자기공명영상(MRI) 검사 등을 필요로 하는 경우가 많다. 정확한 진단과 몸의 상태를 파악하기 위해서는 해당 검사를 피하지 않는 것이 좋다. 진단이 정확하면 정확할수록 업무와 인과관계를 확실하게 연결해 설명할 수 있다.

또 치료에 필요한 기간을 살펴야 한다. 산재보상은 부상 또는 질병이 3일 이내의 요양으로 치유될 수 있으면 요양급여 등 보험급여를 지급하지 않는다. 즉 소견서 혹은 진단서에 부상 또는 질병의 치료 예상기간이 4일 이상일 때 산재 신청이 가능하다.

셋째, 생각보다 쉬운 산업재해보상보험 요양급여 신청서를 작성하자

많은 회사와 노동자들이 산재 신청서 양식을 찾는다. 산재 신청서의 공식적인 이름은 〈산업재해보상보험 요양급여신청서〉이다. 근로복지공단 홈페이지에서 누구나 내려받아 인쇄하여 사용할 수 있고, 근로복지공단 지역지사에 언제나 구비되어 있다. 또는 병원 원무과에 산재 담당자가 있다면 요양급여신청서를 요청해 받을 수 있다.

요양급여신청서 작성은 생각보다 어렵지 않다. 총 4페이지로 이루어져있는데 〈요양급여신청서〉와 〈산업재해보상보험 요양급여신청 소견서〉로 구성되어 있다. 요양급여신청 소견서는 의사가 작성하고, 직접 작성해야 하는 요양급여 신청서는 불과 한 페이지에 불과하다. 요양급여신청서는 두 가지 내용으로 구성되어 있다. 재해자에 대한 내용과 사업장 및 재해 관련 사항을 기입하면 된다.

먼저 '재해자 항목'에는 산재를 신청하는 노동자의 이름, 주민등록번호, 주소, 연락처 등 기본정보와 함께 재해 발생일시와 출퇴근 시간, 직종, 사업주와의 관계, 근로자 유형 등을 기입한다.

근골격계질환으로 산재를 신청하는 분들 중 재해 발생일시가 언제이지 하고 갸웃하는 분들이 많다. 업무상 사고나 출퇴근재해의 경우 재해 발생일시가 명확하지만 근골격계질환과 같은 업무상 질병은 언제부터 아팠는지 특정하기 어렵기 때문이다. 최초 진단일을 기입하면 된다. 업무상 질병의 경우 처음 병원에 방문해 진단받은 날짜와 시간을 적으면 된다.

그 다음 '사업장 및 재해 관련 내용'의 경우 산재 신청구분과 사업장 정보, 재해발생경위로 구성되어 있다.

'산재 신청구분'은 업무상 사고, 업무상 질병, 출퇴근 재해로 나뉜다. 예를 들면 사업장의 시설로 인해 부딪히거나 삐끗하거나, 일의 과정에서 갑작스러운 외력으로 다친 경우는 업무상 사고를 체크하면 된다. 업무상 질병은 일의 과정에서 오랫동안 쌓여 아픈 경우를 말한다. 출퇴근길에 사고 등으로 다친 경우에는 출퇴근재해를 체크하면 된다.

'사업장 정보'는 사업장과 사업주 이름, 연락처, 사업장 관리번호, 주소를 작성하게 되어 있다. 많은 노동자들이 사업장 이름과 주소는 알고 있지만, 사업주 이름이나 사업장 관리번호를 모르는 경우들이 있다. 또 자세히 작성하면 불이익이 있지 않을까 하는 두려움도 있지만, 절대 그렇지 않다. 불편한 부분은 남겨두고 사업장 이름과 주소만 작성해 제출하더라도 산재 신청은 가능하다. 모르면 비워두고, 아는 만큼 작성하면 된다.

가장 중요한 부분이 바로 '재해발생 경위'다. 누가 봐도 가장 중요해 보이기 때문에 쉽사리 쓰지 못하는 경향이 있다. 하지만 그럴수록 간결하고 선명하게 표현하는 것이 중요하다.

우선 정해진 양식에 육하원칙에 맞춰 쓰자. 누가-언제-어디서-무엇을-어떻게-왜 통증을 겪게 되었는지를 쓰면 된다. '내가 언제 어디에서 어떤 일을 어떻게 하다가 어떤 자세나 상황 때문에 아프게 되었다'며 통증의 원인이 선명하게 드러나도록 작성하는 것이 좋다.

질병과 업무 사이 인과관계가 드러나게 하는 것이 핵심이다. 재해발생 경위가 구체적이고 논리적일수록 산재로 인정받기 수월하다. 업무와 질병과의 인과관계가 명확히 보이도록 작성하는 것이 좋다. 하지만 모든 사연을 담기에는 정해진 양식의 공간이 너무 좁다. 최대한 간결하고 선명하게 쓰되, 업무와 인과관계를 충분히 설명해줄 수 있는 재해 경위서를 별도로 제출하는 것이 좋다.

넷째, 요양급여신청 소견서나 진단서를 받자

소견서 작성은 의사의 고유한 권한이다. 특별하게 써달라고 요구하거나 요청할 수 없다. 따라서 요양급여 신청 소견서를 작성한다는 것은 주치의에게 정해진 양식대로 〈요양급여신청 소견서〉 작성을 요청하는 것을 의미한다.

근로복지공단 홈페이지에서 다운로드 받은 〈산업재해보상보험 요양급여신청서〉에는 3~4페이지 분량의 〈산업재해보상보험 요양급여소견서〉가 포함되어 있다. 이 소견서 양식을 인쇄한 후, 진료 예약 시 의사에게 소견서 작성을 요청하면 된다.

소견서의 첫 번째 장은 산재 노동자 이름과 주민등록번호, 재해 일자와 진료 개시일, 내원방법, 재해 경위, 최초증상(환자가 진술하는 대로), 현재 환자가 호소하는 증상, 이에 대한 종합 소견, 주요검사 및 기존 질환 확인 여부, 상병명과 상병코드를 기입하도록 되어 있다.

두 번째 장은 입원과 통원 내용과 치료 예상기간, 취업 치료여부, 수술, 계속 동반치료가 필요한 기존 질환명, 집중재활치료 필요 여부 등을 기입하고 의사 면허번호와 의료기관 이름, 의료기관과 의사의 직인 날인 또는 서명을 받게 되어 있다.

산재 지정병원이나 대부분 산재처리 경험이 있는 병원은 원무과에 요청하면 작성해준다. 하지만 산재를 접하지 못한 의사의 경우 별도의 소견서 작성에 대해 의아해하거나, 작성을 못해준다는 경우도 있다.

그럴 때는 일반 진단서를 발급받아 소견서 대신 제출하면 된다. 소견서 또는 진단서를 발급받아 산재를 신청할 때 가장 중요한 부분은 상병코드, 입원과 통원, 취업치료 가능 여부이다. 적어도 이 3가지는 반드시 명시되어있어야 하고, 신청을 위해 제출하기 전에 한 번쯤 확인하는 것이 좋다.

상병코드는 매우 중요하다. 정확한 상병코드는 업무와의 인과관계를 규명하는 데 필수적이며, 명확한 진단명을 통해 구체적인 증상을 담는 것이 필요하다.

여러 부위에 통증이 있는 경우, 각 통증에 대해 상병코드가 제대로 반영되었는지 확인해야 한다.

입원기간과 통원기간은 산재 요양기간을 결정하는 중요한 요소다. 요양기간 동안 요양급여와 휴업급여 등 산재 보상이 이루어지기 때문에, 치료 시작일과 예상 종료일이 명확히 기재되어야 한다. 이는 일반적으로 흔히 말하는 '전치 몇 주'와 같은 애매한 표현이 아닌, 정확한 날짜가 필요하다.

소견서에 적힌 기간 동안만 산재 보상이 이루어지는 것은 아니다. 치유 상태에 도달하지 못하면 요양기간을 연장할 수 있다. 최초 요양기간 종료 7일 전에는 주치의가 진료계획서를 제출해 요양기간을 연장해야 한다. 근로복지공단에서 통지한 요양기간 종료일이 다가오면, 요양 연장 여부를 반드시 확인하고 상담하는 것이 좋다.

취업 치료 여부는 휴업급여 지급 여부에 직접적인 영향을 미친다. 취업 치료는 치료를 받으면서 일할 수 있다는 의미로, 산재가 인정되면 치료를 위해 일하지 못하는 기간에 대해 휴업급여가 지급된다. 그러나 취업 치료가 가능하다는 소견이 나오면 휴업급여를 받을 수 없다.

진료 중에 일할 수 있다고 주장하거나 다른 업무로 전환하겠다는 의사를 표현하는 경우가 많다. 일에 대한 열정이나 회사로부터의 불이익 우려 때문일 수 있으나, 치료 중에는 최대한 회복에 집중하고 충분한 휴식을 취하는 것이 중요하다.

따라서, 의사와 상담하며 무리한 업무 복귀를 피하고 충분한 회복 기간을 확보하는 것이 필요하다. 치료에 전념하는 것이 결국 장기적으로 더 나은 결과를 가져올 것이다.

다섯째, 근로복지공단에 신청하자

산재를 모르는 탓에 회사에 산재를 신청해야 한다고 생각하는 사람들이 있다. 그래서 산재상담을 받고도 "회사가 안 해줄 텐데…"하고 망설이는 노동자들이 있다. 산재 신청은 누구의 간섭도 받지 않고 통증이 있는 본인이 하면 된다. 본인이 직접 근로복지공단에 신청하면 된다.

〈산업재해보상보험 요양급여 신청서〉를 작성해 근로복지공단에 제출하면 산재 신청이 완료된다. 회사가 주소를 두고 있는 관할 근로복지공단에 제출하면 된다.

관할 근로복지공단은 근로복지공단 홈페이지에서 지역본부 지사를 눌러 검색할 수 있고, 대표전화인 1588-0075에 전화해 확인할 수 있다. 주소를 확인해

주소로 방문하거나 우편으로 접수할 수 있고, 지사 팩스번호를 확인해 팩스로 송부할 수 있다. 온라인으로는 고용산재보험 토탈서비스 홈페이지를 통해 요양 신청을 할 수 있다. 방문 또는 우편, 팩스 등의 방법으로 접수한 뒤에도 고용산재보험 토탈 서비스 홈페이지를 통해 진행상황을 확인할 수 있다.

산재가 신청되면

산재가 신청되면 근로복지공단은 재해의 유형별로 재해 조사를 시작한다.

업무상 사고나 출퇴근 재해는 공통적으로 재해 경위를 확인하고 근로관계, 상병상태, 재해 노동자의 평균임금, 제3자에 의해 재해를 겪은 것은 아닌지 여부 등을 조사한다. 퇴근 재해의 경우에는 통상 출퇴근 경로에서 다친 것인지, 교통사고 조사 기록을 열람하거나 구상권을 확인한다.

업무상 질병의 경우 직종이나 경력, 고용형태, 의학적 소견을 중심으로 조사를 시작하고 업무상 질병판정위원회 심의를 준비한다. 필요한 경우 현장조사나 역학조사도 한다.

근골격계 질병의 경우 업무상 질병판정위원회에 가기 전 재해조사 단계에서 일반적으로 특별진찰을 진행한다. 특별진찰은 재해조사 단계에서부터 근로복지공단 병원의 직업환경의 전문의가 질병의 업무 관련성을 조사, 판단하는 것을 의미한다.

특별진찰을 하게 되면 업무관련성을 조사하는 근로복지공단이 별도의 의학자문이나 업무관련성 평가자문을 하지 않아도 된다. 산재 노동자 입장에서도 보다 전문성이 있는 직업환경의가 다시 진찰하고 업무관련성을 검토하니 입증 책임이 일부 줄어드는 효과도 있다.•

특별진찰을 받기 전에 이미 제출한 재해 경위서를 다시 한번 확인할 필요가 있다. 특별진찰 과정에서 인터뷰와 현장조사가 진행될 때 얼마나 아픈지를 강조하기 보다, 상세하고 객관적으로 재해경위를 진술하는 것이 도움이 되기 때문이다. 재해 경위서에 담긴 업무의 내용, 취급 중량물, 자세, 반복횟수 등 어떤 근골격계부담요인들의 영향을 받았는지 확인하는 것이 좋다.

한편 근로복지공단은 보험가입자인 사업주에게 의견을 묻는 문답서를 보내거나 의견서를 제출하도록 한다. 재해사실을 알고 있는지부터 어떤 업무를 얼마나 하고 있는지 등 구체적인 재해 경위를 사업주에게도 묻는다. 이미 재해 노동자가 제출한 산재 신청서의 내용을 확인하는 절차이고, 사업주가 이에 반대

• 재해조사의 전문성과 공정성, 신속성을 재고하기 위해 특별진찰제도가 만들어졌다. 하지만 근골격계 산재가 인정되기까지 많은 기간이 소요되는 이유이기도 하다. 근로복지공단병원은 한정되어 있고 근골격계질환을 앓는 노동자들은 빠른 속도로 증가하고 있기 때문이다. 증가하는 보상수요를 따라가지 못해 특별진찰 자체가 1년이 넘게 걸리기도 하는 경우들이 발생하고 있다.

하거나 동의하지 않는다고 해서 산재가 불승인 되는 것은 아니지만 어려움이 커질 수 있다. 사업주에게 산재에 대한 불이익이 발생하지 않는다는 점을 미리 설명해주는 것이 좋다.

현장조사가 이루어진다면 가급적 동행하는 것이 좋다. 현장 조사시 산재 신청 노동자가 참여하지 않거나 하던 업무가 없으면 유사한 업무나 동료 노동자의 진술을 통해 조사한다. 이 과정에서 산재 노동자가 실제 작업 내용과 다르게 조사될 가능성도 있기 때문에 최대한 참여하는 것이 좋다.

만약 작업 장소 또는 직무가 변경되었다면? 그 부분을 분명하게 재해 경위서에 표시하거나, 재해조사를 담당한 조사관에게 정확히 전달해야 한다. 해당 신체부위의 부담을 유발하는 작업내용이 변경된 경우에는 적어도 발병 전 1년 동안의 작업 내용을 상세히 조사하게 되어 있다. 질병 발생 당시 종사한 작업뿐만 아니라 과거 했던 신체부담업무들까지 모두 조사하도록 관련 자료를 작성해 제출할 필요가 있다.

M코드인가요?
S코드인가요?

사고인지 질병인지에 따라 판정절차가 달라진다

근로복지공단은 요양신청을 하면 질병명을 확인하고 재해 경위를 확인한다. 산재 노동자가 병원에서 진단을 받고 나면 질병명 코드가 부여된다. 알파벳과 숫자로 이루어져 있는데 가장 첫 번째 알파벳이 무엇이냐에 따라 어떻게 접근해야 할지 1차적으로 판단할 수 있다.

M으로 시작한다면 외적 손상이 없는 근골격계 질병을 의미한다. S로 시작한다면 손상 또는 외부 요인으로 인해 발생한 상해를 의미한다. M코드는 업무상 질병일 가능성이 높고, S코드는 업무상 사고일 가능성이 크다.

물론 근로복지공단은 단순히 진단코드만으로 조사방법을 결정하지 않는다. 대신 의학자문을 통해 신체부담업무 조사가 필요한지 결정한다. 그 조사에서 신체부담업무로 볼 수 있는 위험 요인이 있는지 없는지에 따라서 업무상 질병 판정절차가 달라진다.

수행하는 업무가 신체부담업무인 ① 반복 동작이 많은 업무 ② 무리한 힘을 가해야 하는 업무 ③ 부적절한 자세를 유지하는 업무 ④ 진동 작업 ⑤ 그 밖에 특정 신체 부위에 부담되는 상태에서 하는 업무 중 하나라도 속한다면 업무상 질병으로 본다.

업무상 질병 판정 절차에 따른다. 신체부담업무인지 확인하고 평가한 뒤 업무상 질병판정위원회의 판정에 따라 산재 승인 여부가 결정된다. 업무상 질병판정위원회는 근로복지공단의 재해조사 내용을 토대로 의사, 법률전문가, 인간공학 또는 산업위생 전문가들의 독립된 판단을 하는 독립된 기관이다. 만약 재해조사 단계에서 특별진찰시 업무관련성이 인정된다면 질병판정위원회 심의없이 산재가 인정되기도 한다.

기존질병이나 연령이 높아 발생하는 퇴행성 근골격계 질병은 업무상 질병 판정 절차에 따른다. 업무상 사고가 발생했다 할지라도 퇴행성이라면 신체부담업무가 존재하는지 여부에 따라 조사 절차가 결정된다. 신체부담업무가 있다면 퇴행성 근골격계 질병에 어떤 영향을 주었는지 확인하기 위해 업무상 질병판정절차를 따른다. 신체부담업무가 없다면 업무상 사고 판정절차에 따라 판정한다.

신체부담업무 위험 요인이 없다면 업무상 사고 절차에 따른다. 다만 신체부담업무 위험 요인이 있더라도 신체에 가해진 외력의 정도와 그에 따른 신체손상(골절, 인대손상, 연부조직 손상, 열상, 타박상 등)이 노동자의 직업력과 관계없이 사고로 발생한 것으로 의학적으로 인정되면 업무상 사고로 본다. 질병판정위원회를 거치지 않고 근로복지공단이 사고조사를 통해 인과관계를 확인하고 산재 승인 여부를 결정한다.

근골격계
산재의 기준

1

산재의 눈으로
살펴보자

열쇠가 되어줄 산재의 눈

'산재의 눈'은 산업재해로 승인 받기 위해 필요한 통찰력을 의미한다. 재해가 발생한 사실을 있는 그대로 진술할 수 있는 정도를 넘어서는 것이다.

업무와 재해 사이의 인과관계를 명확히 파악할 수 있도록, 자료를 수집할 수 있어야 한다. 또 법이 정하고 있는 기준을 충족할 수 있을 정도로 논리적이어야 한다.

한편으로는 질병을 유발하는 일터 다양한 통증의 원인을 찾아낼 수 있는 안목을 의미하기도 하다. 특히 근골격계질환은 발생하는 이유는 천차만별이다.

우리가 주목해야 할 직업적인 원인 외에도 개인 요인과 일상생활 등 비직업적인 원인(연령 증가, 일상생활, 취미생활 등)에 의해서도 발생할 수 있다. 이 중에 내가 하고 있는 일이 가지고 있는 어떤 특성이 내 통증을 유발했는지, 얼마나 많은 위험 요인이 있는지 정리하는 것은 산재승인에 결정적인 역할을 한다.

법과 근로복지공단 역시 산재의 눈을 갖추고 있다. 법과 지침이 정하고 있는 기준에 주목한다면, 산재승인은 이미 한걸음 가까워졌을지도 모른다. 하나씩 차분히 살펴보자.

신체부담업무가 있나?

먼저 산업재해보상보험법(이하 '산재법')의 기준이 중요하다. 산재법 시행령 별표3은 근골격계 질병에 대한 구체적인 산재 인정기준을 정하고 있다.

근로복지공단은 산재법의 인정기준을 토대로 '근골격계 질병 업무상 질병 조사 및 판정지침'을 두고 있다. 근로복지공단으로 신청되는 모든 근골격계질환은 이 지침이 정하는 인정기준과 판단요령, 조사 및 판정절차를 따르게 된다.

이 지침에 따르면 근로복지공단은 근골격계질환을 앓고 있는 노동자가 산재를 신청하면 먼저 신체부담업무가 있는지부터 살펴본다. 신체부담업무는 업무에 종사한 기간과 시간 업무의 양과 강도, 업무수행 자세와 속도, 업무수행 장소의 구조 등이 근골격계에 부담을 주는 업무를 말한다. 그리고 어떤 작업들로 이루어졌는지, 신체부담정도는 어느 정도인지, 얼마나 수행했는지, 작업빈도는 어떤지, 작업시간은 얼마나 되는지 등을 종합적으로 살펴본다.

출근부, 업무일지 등 업무내용, 업무량 및 업무시간, 작업 자세, 노출시간, 직업력 등을 확인하는 문헌조사부터, 산재 노동자와 전문가가 참여할 수 있는 현장조사를 통해 이를 살핀다.

근로복지공단이 수집하는 자료

❖ 재해발생경위 및 이와 관련된 근로계약관계 등에 대한 신청인, 보험가입자, 동료근로자 등의 진술 또는 확인(다만 해당사실에 대한 증거가 있는 경우는 제외)
❖ 재해 근로자의 직업력(해당 사업장 채용 전 재해 관련 직력 포함)을 확인할 수 있는 자료(국민연금가입자가입증명, 건강보험자격득실확인서, 고용보험자격이력내역서 등)
❖ 해당 부서 또는 동일 유사 작업에 종사하는 동료근로자의 유사질병 발생 현황
❖ 출근부, 업무일지 등 업무내용, 업무량 및 업무시간 등을 확인할 수 있는 자료
❖ 업무수행 자세, 동작, 작업방법 등을 확인할 수 있는 자료
❖ 작업공정 관련 동영상(사진) 또는 자료
❖ 유해요인 조사결과
❖ 진료기록과 의학적 소견서
❖ 건강보험 진료내역 등 과거병력 자료
❖ 그 밖에 업무내용과 신체부담업무 수행 여부와 정도를 확인할 수 있는 자료

이렇게 다양한 자료와 조사를 통해 신체부담업무를 확인되었다면, 산재법이 정하고 있는 기준을 중심으로 판단하게 된다.

첫째, 신체부담업무가 확인되지 않았다면, 업무상 사고 판정절차에 따라 판정한다. 업무수행 중에 급격한 힘이 돌발적으로 가해져 발생한 사고성 근골격계질환(외부 힘으로 골절, 인대손상, 타박상 등 발생한 신체손상)이 대부분 여기에 속한다. 노동자가 어떤 일을 해왔는지와 관련없이 업무수행 중 사고로 발생했다는 것이 의학적으로 입증되면 산재로 승인된다.

두번째, 신체부담업무가 확인되었다면 다음을 어느 하나에 해당하는 업무에 종사한 경력이 있는지 확인해야 한다.
1. 반복 동작이 많은 업무
2. 무리한 힘을 가해야 하는 업무
3. 부적절한 자세를 유지하는 업무
4. 진동 작업
5. 그 밖에 특정 신체 부위에 부담되는 상태에서 하는 업무

신체부담업무에 덧붙여 반복, 힘, 자세, 진동 등 기타 신체부담요인이 확인되고, 이로 인해 근골격계질환이 발생하거나 악화되었다면 산재로 인정될 가능성이 크다.

세번째, 기존 질병이 있더라도 또는 연령 증가에 따른 자연경과적 퇴행성 변화가 신체부담업무 때문에 더욱 빠르게 진행된 것이 확인된다면 산재로 승인된다.

산업재해보상보험법 시행령 [별표 3]

업무상 질병에 대한 구체적인 인정기준

2. 근골격계 질병

가. 업무에 종사한 기간과 시간, 업무의 양과 강도, 업무수행 자세와 속도, 업무수행 장소의 구조 등이 근골격계에 부담을 주는 업무(이하 "신체부담업무"라 한다)로서 다음 어느 하나에 해당하는 업무에 종사한 경력이 있는 근로자의 팔·다리 또는 허리 부분에 근골격계 질병이 발생하거나 악화된 경우에는 업무상 질병으로 본다. 다만, 업무와 관련이 없는 다른 원인으로 발병한 경우에는 업무상 질병으로 보지않는다.

1) 반복 동작이 많은 업무
2) 무리한 힘을 가해야 하는 업무
3) 부적절한 자세를 유지하는 업무
4) 진동 작업
5) 그 밖에 특정 신체 부위에 부담되는 상태에서 하는 업무

나. 신체부담업무로 인하여 기존 질병이 악화되었음이 의학적으로 인정되면 업무상 질병으로 본다.

다. **신체부담업무로 인하여** 연령 증가에 따른 자연경과적 변화가 더욱 빠르게 진행된 것이 의학적으로 인정되면 업무상 질병으로 본다.

라. **신체부담업무의 수행 과정에서** 발생한 일시적인 급격한 힘의 작용으로 근골격계 질병이 발병하면 업무상 질병으로 본다.

마. 신체부위별 근골격계 질병의 범위, 신체부담업무의 기준, 그 밖에 근골격계 질병의 업무상 질병 인정 여부 결정에 필요한 사항은 고용노동부장관이 정하여 고시한다.

신체부담요인 찾기

신체부담업무를 구성하는 대표적인 위험 요인들을 크게 구조적 요인, 작업 관련 요인, 개인적 요인 3가지로 구분 할 수 있다.

구조적 요인

구조적 요인은 '노동의 과정'을 변화시키는 외적 요인들이다. 노동 강도가 증가한다거나, 작업조직이나 생산방식의 변화, 사회경제적인 변화 등을 구조적 요인으로 볼 수 있다. 이런 구조적 요인들은 노동자의 의도와는 무관하게 바뀌고, 사용자의 지시명령에 의해 강제된다.

예를 들어 기업의 결정에 따라 생산량이 증가하거나 생산 속도가 바뀔 수 있다. 또 작업조직이 바뀌어 소수가 업무를 진행해야 해서 휴게시간이 줄어들거나, 노동시간이 증가할 수 있다. 때로는 노동이 단순해져 반복 작업이 늘어나고, 그 횟수가 증가하는 경우도 있다. 생산라인이 갑자기 바뀌어 자세가 바뀌거나, 생산속도가 증가할 수 있다. 평소에 하던 자세와 동작, 업무의 양이나 강도의 변화가 요구된다. 이런 변화들이 신체 부담을 불러올 수 있다.

사회경제적 변화도 근골격계에 위험 요인이 될 수 있다. 대표적으로 IMF 이후 구조조정은 인력감소와 고용불안감을 조성했다. 그 결과, 구조조정 이후 남은 노동자들의 노동강도는 급격하게 증가했다. 사회경제 구조가 경쟁을 부추길수록 노동자들은 더 오랜 시간 동안, 더 빠르게, 더 많은 업무를 요구받게 되었다. 이를 극복할 기술의 변화도 새로운 근골격계 위험 요인이 되기도 했다. 컴퓨터나 휴대폰 등 새로운 도구가 등장에 업무의 필수요소가 되면서 이에 수반하는 통증이 증가했다.

작업 관련 요인

산재에서 작업 관련 요인이 가장 직관적이고 중요하다. 작업 관련 요인은 작업 자세, 힘, 반복성 등 물리적인 요인을 말한다. 일상생활에서도 많이 쓰이지만, 노동의 과정에서 필수적으로 해야 하는 동작들이 있다. 앞으로 숙이거나, 뒤로 젖히거나, 꺾거나, 회전하거나 올리거나 내리거나 몸의 근육과 관절이 만들어내는 수많은 동작들이 노동 과정에서 수행된다. 이런 동작들이 어떤 자세로, 어느 정도 힘으로 얼마나 반복되느냐에 따라서 근골격계질환을 유발할 수 있는 위험 요인이 된다.

노동을 하면서 직접 경험하고 있고, 가장 직관적인 요인이어서 노동자 스스로 발견하기 쉬운 요인이다. 그래서 산재 노동자 스스로가 제일 잘 알고 누구보다 구체적으로 말할 수 있는 영역이기도 하다. 산재 승인을 원한다면 재해 경위서나 재해조사에서 가장 강조될 수밖에 없는 요인이다.

빠른 작업 속도, 반복적인 동작을 계속적으로 수행하는 작업은 근골격계에 위험하다. 동일한 유형의 동작을 되풀이하는 정도가 빠르고 많을수록 위험하다. 생산라인에서 분업화되고 단순화된 직무일수록 빠르고 반복적으로 같은 동작을 반복할 것이다. 특정 부위의 근육과 힘줄, 관절이 수없이 반복되는 것을 말한다. 영화 〈모던 타임즈〉에 나오는 찰리 채플린이 이를 잘 설명해준다. 점점 빨라지는 생산라인에서 나사를 조이던 찰리 채플린은 휴게시간에도 계속해서 반복하던 동작을 멈추지 못한다. 마치 반복한 덕분에 숙련된 것으로 보이기도 하지만, 사실은 빠르고 반복적인 업무 탓에 고장 난 몸을 의미하는 장면이다. 같은 동작이 빠르고, 사용되는 힘이 클수록 위험하고, 근골격계가 다칠 가능성이 커진다.

힘을 무리하게 쓰는 작업도 있다. 들어 올리거나 내리거나, 밀거나 당기거나, 지탱하거나 던지거나 운반할 때 노동자가 가지고 있는 힘을 넘어서 큰 힘을 발휘해야 할 때가 있다. 천구를 떠받드는 그리스의 신 아틀라스처럼 수많은 노동자들이 노동 과정에서 끊임없이 큰 힘들이 요구된다. 적정한 스트레칭이나 준비자세 없이 무리한 힘이 발휘할 경우 근육과 관절은 너무 강한 힘이 가해진 고무줄처럼 끊어지거나, 짓눌리고 만다. 때론 무리한 힘을 갑자기 발휘할 때 가장 흔한 근골격계질환 중 하나인 '삐끗재해'가 발생하기도 한다.

부자연스러운 자세를 요구하는 작업이 있다. 일을 하다 보면 우리 몸이 움직임에 무리가 없는 각도 이상으로 움직이게 되거나 오랫동안 유지할 때가 있다. 이것을 '중립 자세를 벗어난다'거나 '부자연스러운 작업 자세'라고 말한다. 닿지 않는 곳에 손발을 뻗거나, 좁은 공간이나 낮은 공간에서 작업하거나 들어가야 할 때, 무릎을 꿇거나 쪼그려야 할 때 등등 일을 하다 취해야 했던 힘든 자세들을 떠올리면 된다.

팔이나 팔꿈치, 손바닥 등이 날카로운 면에 접촉하는 것도 근골격계 위험 요

112

인이다. 작업대나 기계의 모서리, 도구의 손잡이나 지지대 등으로부터 오는 접촉 스트레스를 말한다. 키보드 작업을 많이 하는 사무직 노동자가 손목에 실리콘 쿠션을 두는 것, 작업공구의 손잡이에 푹신한 스폰지를 대는 것들이 바로 이런 접촉 스트레스를 최소화하기 위함이다.

과도한 진동이 손이나 팔 등에 전달되는 작업도 있다. 노동을 위해 사용하는 수많은 도구와 장비들이 있다. 이런 도구와 장비가 진동을 내뿜을 경우 이 진동은 이를 사용하는 노동자의 신체부위에 전달될 수밖에 없다. 버스 노동자가 종일 전달 받는 버스의 진동에서부터 전신으로 진동을 받아내야 하는 착암기를 사용하는 건설노동자들이 있다. 지속적으로 전달되는 진동은 그 강도에 따라서 진동을 접하는 손이나 팔 등에 영향을 줄 수 있다.

움직이지 않는 **정적자세의 업무**도 특정 신체 부위에 부담이 된다. 종일 서서 일해야 하는 마트나 백화점 노동자나 미용 노동자들은 다리 통증을 호소한다. 대부분 움직임 없이 지속적 오랜 시간 서 있어야 하고, 이런 정적 자세가 다리에 부담을 주기 때문이다.

개인적 요인

개인적 요인도 빼놓을 수 없다. 성별, 연령, 병력, 체중 등 과 같은 신체적 요인

113

에서부터 운동이나 취미생활, 생활습관 등 일상적이고 환경처럼 노출되어 있는 요인들을 말한다. 재해조사를 통해 과거 병력과 사고 이력, 운동이나 취미생활을 조사한다.

주로 사용하는 손에서부터 앉을 때, 걸을 때 자세, 휴대폰이나 컴퓨터를 사용하는 빈도 등 일상생활 중에 근골격계에 영향을 주는 요인들이 상당히 존재 한다. 흡연 여부나 비만 여부, 과거 비슷한 통증을 앓았는지 여부도 중요하다. 연령이 증가할수록 자연경과적으로 퇴행성 근골격계질환에 걸릴 확률은 커진다. 개인적 요인들은 주로 업무와 관련이 없는 요인들이다. 이런 원인으로 근골격계질환이 발병했다면 업무상 질병으로 보기 어렵다.

그렇다고 해서 이런 요인들을 숨겨야 하는 것은 아니다. 업무관련성을 판단할 때 개인적인 요인이 없는 사람이나 보통 평균인의 건강상태를 기준으로 판단하지 않기 때문이다. 아무런 변수가 없는 상태에서 업무관련성이 있어야만 산재로 인정받는 것이 아니다.

산재를 신청한 노동자의 건강과 신체조건을 기준으로 한다. 그러니 건강상태 있는 그대로를 두고 신체 부담요인들이 어떻게 작용했는지 설명하는 것이 산재인정에 도움이 될 수 있다. 또 기존 질환이 있었다 할지라도 질병의 경과가 빠르게 진행되거나 악화되는 경우, 그 이유가 업무에 있다면 그 역시 산재로 인정될 수 있다.

산재의 눈으로 입증하자

일을 하다 얻게 된 근골격계질환이 산재로 인정받기 위해서는 업무와 상당한 인과관계가 있어야 한다. 이것을 입증해야 하는 것이 숙제다. 단순히 일 때문에 질병이 발생했다는 것을 주장하는 것으로는 부족하다. 업무를 통해 만나게 되는 다양한 위험 요인들이 어떻게 내가 앓고 있는 근골격계질병을 유발시켰는지 구체적으로 보여줘야 한다.

그래서 평소에도 일터에 존재하는 다양한 원인들을 살펴볼 필요가 있다. 산재의 눈으로 일터에 존재하는 위험 요인들을 명확히 인식하고, 체계적으로 기록하거나 정리할 수 있다면 산재 승인과정은 훨씬 원활해 질 것이다.

근골격계질환 증상 미리 체크해보기*

I. 아래 사항을 직접 기입해 주시기 바랍니다.

성 명		연 령	만 세	
성 별	☐ 남 ☐ 여	현 직장경력	년 개월째 근무 중	
작업부서	부 라인 작업(수행작업)	결혼여부	☐ 기혼 ☐ 미혼	
현재하고 있는 작업 (구체적으로)	작 업 내 용 : 작 업 기 간 : 년 개월째 하고 있음			
1일 근무시간	시간 근무 중 휴식시간(식사시간 제외) 분씩 회 휴식			
현작업을 하기 전에 했던 작업	작 업 내 용 : 작 업 기 간 : 년 개월 동안 했음			

1. 규칙적인(한번에 30분 이상, 1주일에 적어도 2-3회 이상) 여가 및 취미활동을 하고 계시는 곳에 표시(∨)
하여 주십시오.

☐ 게임 등 컴퓨터 관련 활동   ☐ 피아노, 드럼펫 등 악기연주   ☐ 뜨개질, 붓글씨 등

☐ 테니스, 축구, 농구, 골프 등 스포츠 활동   ☐ 해당사항 없음

2. 귀하의 하루 평균 가사노동시간(밥하기, 빨래하기, 청소하기, 2살 미만의 아이 돌보기 등)은 얼마나 됩니까?

☐ 거의 하지 않는다   ☐ 1시간 미만   ☐ 1–2시간 미만   ☐ 2–3시간 미만   ☐ 3시간 이상

3. 귀하는 의사로부터 다음과 같은 질병에 대해 진단을 받은 적이 있습니까?(해당 질병에 체크)

(보기 : ☐ 류머티스 관절염   ☐ 당뇨병   ☐ 루프스병   ☐ 통풍   ☐ 알코올중독)

☐ 아니오   ☐ 예('예'인 경우 현재상태는 ?   ☐ 완치   ☐ 치료나 관찰 중)

● 근골격계부담작업 유해요인 조사를 진행할 때 사용하는 증상조사표이다. 산업안전보건법은 단순반복작업 또는 인체
에 과도한 부담을 주는 작업으로 인한 건강장해를 예방하기 위하여 근골격계 유해요인조사를 실시하도록 정하고 있
다. 이 증상조사표는 유해요인을 조사한 뒤에 유해요인과 해당 신체 부위가 잘 부합되는지 확인하기에 좋다. 다만 개
인의 징후 및 증상을 증명하거나 판단하는 기준으로 사용하기에는 미흡하다.

4. 과거에 운동 중 혹은 사고(교통사고, 넘어짐, 추락 등)로 인해 손/손가락/손목, 팔/팔꿈치, 어깨, 목, 허리, 다리/발 부위를 다친 적인 있습니까?

□ 아니오   □ 예
('예'인 경우 상해 부위는? □ 손/손가락/손목   □ 팔/팔꿈치   □ 어깨   □ 목   □ 허리
□ 다리/발)

5. 현재 하시는 일의 육체적 부담 정도는 어느 정도라고 생각 합니까?

□ 전혀 힘들지 않음   □ 견딜만 함   □ 약간 힘듦   □ 힘듦   □ 매우 힘듦

II. 지난 1년 동안 손/손가락/손목, 팔/팔꿈치, 어깨, 목, 허리, 다리/발 중 어느 한 부위에서라도 귀하의 작업과 관련하여 통증이나 불편함(통증, 쑤시는 느낌, 뻣뻣함, 화끈거리는 느낌, 무감각 혹은 찌릿찌릿함 등)을 느끼신 적이 있습니까?

□ 아니오(수고하셨습니다. 설문을 다 마치셨습니다.)
□ 예("예"라고 답하신 분은 아래 표의 통증부위에 체크(∨)하고, 해당 통증부위의 세로줄로 내려 가며 해당사항에 체크(∨)해 주십시오)

(표는 뒷장에 실었습니다)

통증 부위	목 ( )	어깨 ( )	팔/팔꿈치 ( )	손/손목/손가락 ( )	허리 ( )	다리/발 ( )
1. 통증의 구체적 부위는?		☐ 오른쪽 ☐ 왼쪽 ☐ 양쪽 모두	☐ 오른쪽 ☐ 왼쪽 ☐ 양쪽 모두	☐ 오른쪽 ☐ 왼쪽 ☐ 양쪽 모두		☐ 오른쪽 ☐ 왼쪽 ☐ 양쪽 모두
2. 한번 아프기 시작하면 통증 기간은 얼마 동안 지속됩니까?	☐ 1일미만 ☐ 1일−1주일미만 ☐ 1주일−1달미만 ☐ 1달−6개월미만 ☐ 6개월이상	☐ 1일미만 ☐ 1일−1주일미만 ☐ 1주일−1달미만 ☐ 1달−6개월미만 ☐ 6개월이상	☐ 1일미만 ☐ 1일−1주일미만 ☐ 1주일−1달미만 ☐ 1달−6개월미만 ☐ 6개월이상	☐ 1일미만 ☐ 1일−1주일미만 ☐ 1주일−1달미만 ☐ 1달−6개월미만 ☐ 6개월이상	☐ 1일미만 ☐ 1일−1주일미만 ☐ 1주일−1달미만 ☐ 1달−6개월미만 ☐ 6개월이상	☐ 1일미만 ☐ 1일−1주일미만 ☐ 1주일−1달미만 ☐ 1달−6개월미만 ☐ 6개월이상
3. 그때의 아픈 정도는 어느 정도 입니까? (보기 참조)	☐ 약한 통증 ☐ 중간 통증 ☐ 심한 통증 ☐ 매우 심한 통증	☐ 약한 통증 ☐ 중간 통증 ☐ 심한 통증 ☐ 매우 심한 통증	☐ 약한 통증 ☐ 중간 통증 ☐ 심한 통증 ☐ 매우 심한 통증	☐ 약한 통증 ☐ 중간 통증 ☐ 심한 통증 ☐ 매우 심한 통증	☐ 약한 통증 ☐ 중간 통증 ☐ 심한 통증 ☐ 매우 심한 통증	☐ 약한 통증 ☐ 중간 통증 ☐ 심한 통증 ☐ 매우 심한 통증
	〈보기〉	**약한 통증** : 약간 불편한 정도이나 작업에 열중할 때는 못 느낀다 **중간 통증** : 작업 중 통증이 있으나 귀가 후 휴식을 취하면 괜찮다 **심한 통증** : 작업 중 통증이 비교적 심하고 귀가 후에도 통증이 계속된다 **매우 심한 통증** : 통증 때문에 작업은 물론 일상생활을 하기가 어렵다				
4. 지난 1년 동안 이러한 증상을 얼마나 자주 경험 하셨습니까?	☐ 6개월에 1번 ☐ 2−3달에 1번 ☐ 1달에 1번 ☐ 1주일에 1번 ☐ 매일	☐ 6개월에 1번 ☐ 2−3달에 1번 ☐ 1달에 1번 ☐ 1주일에 1번 ☐ 매일	☐ 6개월에 1번 ☐ 2−3달에 1번 ☐ 1달에 1번 ☐ 1주일에 1번 ☐ 매일	☐ 6개월에 1번 ☐ 2−3달에 1번 ☐ 1달에 1번 ☐ 1주일에 1번 ☐ 매일	☐ 6개월에 1번 ☐ 2−3달에 1번 ☐ 1달에 1번 ☐ 1주일에 1번 ☐ 매일	☐ 6개월에 1번 ☐ 2−3달에 1번 ☐ 1달에 1번 ☐ 1주일에 1번 ☐ 매일
5. 지난 1주일 동안에도 이러한 증상이 있었습니까?	☐ 아니요 ☐ 예	☐ 아니요 ☐ 예	☐ 아니요 ☐ 예	☐ 아니요 ☐ 예	☐ 아니요 ☐ 예	☐ 아니요 ☐ 예
6. 지난 1년 동안 이러한 통증으로 인해 어떤 일이 있었습니까?	☐ 병원 · 한의원 치료 ☐ 약국치료 ☐ 병가, 산재 ☐ 작업 전환 ☐ 해당사항 없음 ☐ 기타( )	☐ 병원 · 한의원 치료 ☐ 약국치료 ☐ 병가, 산재 ☐ 작업 전환 ☐ 해당사항 없음 ☐ 기타( )	☐ 병원 · 한의원 치료 ☐ 약국치료 ☐ 병가, 산재 ☐ 작업 전환 ☐ 해당사항 없음 ☐ 기타( )	☐ 병원 · 한의원 치료 ☐ 약국치료 ☐ 병가, 산재 ☐ 작업 전환 ☐ 해당사항 없음 ☐ 기타( )	☐ 병원 · 한의원 치료 ☐ 약국치료 ☐ 병가, 산재 ☐ 작업 전환 ☐ 해당사항 없음 ☐ 기타( )	☐ 병원 · 한의원 치료 ☐ 약국치료 ☐ 병가, 산재 ☐ 작업 전환 ☐ 해당사항 없음 ☐ 기타( )

아픈 곳을 알면
산재로 통하는 원인이 보인다

신체 부위별 산재 연결고리

아픈 데에는 저마다 이유가 있다. 아픈 부위에 따라 영향을 주는 신체부담요인은 다르다. 업무상 질병으로 판단되기 위해서는 각 부위별로 영향을 주는 주요 요인을 알아둘 필요가 있다. 질병과 업무와 상당한 인과관계를 설명할 수 있는 핵심 요소기 때문이다. 이미 진단 받은 질병은 의학적으로 입증된 주요 원인이 있다. 그 원인을 일터의 신체부담요인으로 설명할 수 있다면 상당한 인과관계가 형성되고, 그 연결 고리가 산재 핵심 공식이 된다.

근로복지공단은 부위별 재해조사시트를 마련해 이를 중심으로 평가하는데, 재해조사시트를 통해 현재 하고 있는 업무 중 신체부담요인을 찾게 된다. 수많은 자료 속에서 산재를 신청한 노동자의 질병과의 연결고리를 찾는 작업이다.

연결고리를 찾기 위해 각 부위별로 흔히 발생해 산재로 인정되는 질병들과 업무관련성을 입증하기 위해 주로 살피는 포인트를 살펴볼 필요가 있다.

목(경추)부위 근골격계질환

• 목 부위 대표 질환

상병명	상병코드
목의 통증(경부통), (경부 긴장/염좌 Cervical strain/sprain)	【M54.2, S13.4】
목(경부)의 관절증	【M19.08】
목뼈 원판 장애(경부 추간판장애)	【M50.0-9, M54.12】
목(경부) 근육의 근육통(근막통증 증후군) 〔부위: 척추옆근 (경추 주위근), 등세모근(승모근)〕	【M72.9, M79.1】

• 주요 위험 요인

평소에도 목이나 머리 위치, 목의 자세는 중요하다. 특히 목 부위 근골격계질환을 유발하는 주요 위험 요인은 자세, 힘, 반복여부이다.

• 목 부위 자세

업무를 수행하면서 다음과 같은 자세를 많이 취한다면 목 부위 질환이 발생할 가능성이 크다. 목을 앞으로 20도 이상 굽힌 상태에서 일하거나, 뒤로 5도 이상 젖히는 자세로 일한다면 근골격계질환이 발생할 위험이 크다. 좌우로

20도 이상 회전하거나 10도 이상 꺾이는 자세가 일하는 것도 발생 위험을 높인다. 일하면서 자주 특정 각도 이상 목을 비틀거나 꺾어야 한다면 업무상 질병 가능성이 높다.

체크 리스트	예	아니요
• 고개를 앞으로 숙이게 된다	☐	☐
• 고개를 뒤로 젖히게 된다	☐	☐
• 고개를 좌우 회전하거나 꺾이기도 한다	☐	☐
• 머리 위에 무게 있는 물건을 착용한다	☐	☐
• 목에 통증을 느끼는 자세를 오래 유지한다	☐	☐
• 목을 움직이는 동작을 1분당 4회 이상 반복한다	☐	☐
• 어깨 위 손을 올린 자세를 취한다	☐	☐
• 허리 굽히고 팔을 뻗는 자세를 취한다	☐	☐
• 움직임이 제한된 좁은 공간에서 일한다	☐	☐
• 어깨로 운반하는 작업이 있다	☐	☐

• 목 부위 힘

생활의 달인에 나온 어느 음식 배달원처럼 머리 위에 물건을 쌓아 올리거나 무거운 안전모나 장비를 착용해야 하는 것도 위험 요인이 될 수 있다. 머리나 목에 중량물을 올리거나 외부 힘이 작용하는 경우 목 부위 근골격계질환 발생 가능성이 높아진다.

• 목 부위 반복성

일하면서 목 부위에 가해지는 힘이나 부적절한 자세가 1분 이상 유지되거나

(정적자세), 1분당 4회 이상 반복되는 경우 근골격계질환과 업무관련성이 높다.

- 목 부위 근골격계 질병별 주요 확인사항

대표적인 질환인 경추추간판탈출증의 경우 목의 굽히거나 젖힌 상태에서 좌우 회전이나 꺾임이 동시에 작용하는지, 어깨에 중량물을 올려 운반하는 작업이 있는지를 추가로 확인한다. 이런 자세가 자주 확인된다면 발병 가능성과 업무 관련성이 높은 것으로 본다. 역시 자주 발생하는 경추 염좌의 경우 증상발현 시점에서 얼마나 큰 충격이 있었는지 상세하게 설명하면 좋다.

어깨/위팔 부위 근골격계질환

- 어깨/위팔 부위 대표 질환

상병명	상병코드
봉우리빗장관절(견쇄관절) 부위의 관절증	【M19.01】
근육둘레띠 증후군(회전근개건염) (충돌 증후군, 가시위증후군, 가시위 파열 등을 포함, Rotator Cuff Tendinitis)	【M75.1(4)】
동결어깨(유착성 관절낭염, Adhesive Capsulitis)	【M75.0】
흉곽하구증후군(가슴아래문증후군, Thoracic Outlet Syndrome), 목갈비뼈(경늑골)증후군, 전사각근 증후군, 갈비빗장(늑쇄)증후군 및 과벌림(과외전)증후군 등을 포함)	【G54.0】

어깨(어깨 세모근(삼각근)하, 부리돌기밑(오구돌기하), 봉우리밑(견봉하), 견갑하 등)의 윤활낭염(점액낭염)	【M75.5】
기타 어깨관절 부위의 건(초)염 · 윤활막염	【M65.8】
어깨(견갑부) 근육의 근육통(근막통증 증후군)〔부위: 가시위근(극상근), 가시아래근(극하근), 작은원근(소원근), 넓은 등근(광배근), 마름근(능형근)〕	【M72.9, M79.1】

상병명	상병코드
위팔어깨관절(상완와관절)의 관절증	【M19.02】
이두근 힘줄염(위팔 두갈래근 건(막)염)	【M75.5】
위팔(상완부) 근육의 근육통(근막동통증후군) 부위: 어깨 세모근(삼각근), 위팔두갈래근 (이두박근), 위팔 세갈래근(삼두박근 등)〕	【M72.9, M79.1】

- **주요 위험 요인**

어깨 통증은 허리통증만큼 자주 일어난다고 한다. 우리 몸에서 유일하게 360도 회전이 가능해 가장 넓은 운동범위를 가지고 있는 부위다. 어깨 부위 근골격계질환을 유발하는 주요 위험 요인은 자세, 반복성, 힘, 지속시간이다.

- **어깨와 위팔 부위 자세**

팔을 앞으로 올려 일하거나, 뒤로 젖히는 자세로 일한다면 근골격계질환이 발생할 위험이 크다. 어깨를 몸을 중심으로 바깥쪽으로 30도 이상 멀어지며 벌리거나, 반대로 몸 안쪽으로 10이상 모아 구부리며 일해야 하는 경우, 10도 이상 외회전하거나 30도 이상 내회전하며 일하는 경우 복합적으로 어깨의 움직임이 크면 업무상 질병 가능성이 높다.

어깨가 으쓱 들어 올려지는 거상자세나 어깨 위로 손을 올리는 자세들이 반복적으로 나타나거나 다른 요인들과 복합적으로 작용할수록 업무상 질병으로 인정될 가능성이 크다.

체크 리스트	예	아니요
• 어깨를 앞으로 숙이게 된다	☐	☐
• 어깨를 뒤로 젖히게 된다	☐	☐
• 팔과 어깨를 몸통에서 벌리는 자세를 자주 취한다(외전)	☐	☐
• 팔과 어깨를 몸통으로 모으는 자세를 자주 취한다(내전)	☐	☐
• 어깨를 바깥쪽으로 회전시키는 자세를 취한다	☐	☐
• 어깨를 안쪽으로 회전시키는 자세를 취한다	☐	☐
• 어깨 위 손을 올린 자세를 취한다	☐	☐
• 허리 굽히고 팔을 뻗는 자세를 취한다	☐	☐
• 움직임이 제한된 좁은 공간에서 일한다	☐	☐
• 일하다보면 어깨가 위로 들리곤 한다	☐	☐
• 팔꿈치가 과도하게 펴지는 자세가 취해진다	☐	☐
• 어깨로 운반하는 작업이 있다	☐	☐
• 손을 이용하여 들고 내리는 작업이 있다	☐	☐
• 손을 이용하여 중량물을 운반한다	☐	☐
• 손으로 밀고 당기는 작업이 있다	☐	☐
• 어깨나 위팔에 물체가 접촉하거나 압박감을 느낀다	☐	☐
• 어깨나 팔로 취급하는 물체의 무게가 무겁다	☐	☐
• 어깨/팔에 통증을 느끼는 자세를 오래 유지한다	☐	☐

• 어깨/팔을 1분당 4회 이상 반복해 움직인다	☐	☐
• 공구의 무게가 무겁나 진동이 있다	☐	☐
• 누운 자세나 엎드린 자세를 취한다	☐	☐

• 어깨/위팔 부위 힘

취급하는 물품 3kg 이상 또는 작업도구의 무게가 2kg 이상이면 어깨와 위팔에 부담을 준다고 본다. 주로 어깨로 물건을 운반하거나 운반과정에서 접촉압박이 발생하는 경우 업무상 질병으로 본다. 다루는 물품이나 도구의 진동여부도 영향을 준다. 특히 무거우면서 진동이 큰 건설현장의 공구들은 어깨나 위팔부위의 근골격계질환을 유발한다.

• 어깨/위팔 반복성

일하면서 어깨/위팔 부위에 가해지는 힘이나 부적절한 자세가 1분 이상 유지되거나(정적자세), 1분당 4회 이상 반복되는 경우 근골격계질환과 업무관련성이 높다.

• 어깨/위팔 부위 근골격계 질병별 주요 확인사항

대표적인 질환인 회전근개건염 충돌증후군, 회전근개파열의 경우 어깨의 반복운동 시 동시에 힘이 강하게 작용하는지, 60도 이상의 견관절 거상(위로 올리는) 동작이 장시간 유지되는지를 추가로 확인한다. 이두근건염은 팔꿈치를 굽힌 상태로 아래팔을 이용해 중량물을 운반하는지 확인한다.

견관절염좌, 관절와순파열의 경우에는 증상 발현시점에 큰 충격이 있었는지, 견관절 퇴행성관절염의 경우에는 장기간 어깨 운반 작업에 노출되었는지가 중요한 포인트다.

팔꿈치/아래팔 부위 근골격계질환

● 팔꿈치/아래팔 부위 대표 질환

상병명	상병코드
외측 상과염(바깥쪽 위관절융기염)	【M77.1】
내측 상과염(안쪽 위관절융기염)	【M77.0】
팔꿈치머리 윤활낭염(주두 점액낭염)	【M70.2-3】
아래팔(전완부)에서의 노(요골)신경 병터(포착 신경병증)	【G56.3】
아래팔(전완부)에서의 정중신경 병터(포착 신경병증)	【G56.1】
팔꿈치 부위에서의 자(척골)신경 병터(포착 신경병증)	【G56.2】
아래팔(전완부) 근육의 근육통(근막동통증후군)	【M72.9, M79.1】
기타 팔꿈치 · 아래팔(전완) 부위의 건(초)염 · 윤활막염	【M65.8】

● 주요 위험 요인

팔꿈치/아래팔은 손과 함께 직접적으로 가장 많이 사용하는 부위다. 작업자세나 반복횟수, 힘, 접촉, 공구 진동이나 무게 등의 위험 요인이 복합적으로 작용해 질환이 발생한다.

• 팔꿈치/아래팔 부위 자세

팔꿈치 부위 근골격계질환은 손과 손목, 팔꿈치의 회전과 비트는 자세들이 반복되었을 때 업무상 질병 가능성이 높다. 손목의 굽히거나 젖혔을 때 또는 손으로 밀기/당기기 작업을 수행하면 팔꿈치에 근골격계 부담으로 작용한다.

손바닥을 아래로 회전하는 회내전, 손바닥을 위로 향한 상태에서 회전하는 회외전, 손으로 밀고 당기거나 손목을 비트는 동작들이 손목과 팔꿈치에 통증을 불러온다.

체크 리스트	예	아니요
• 팔꿈치를 굽히는 자세가 있다	☐	☐
• 손바닥을 아래로 향한 채로 자주 회전시킨다(회내전)	☐	☐
• 회내전 시키면서 강한 힘(중량물)을 사용한다	☐	☐
• 손바닥을 위로 향한 채로 자주 회전시킨다(회외전)	☐	☐
• 회외전 시키면서 강한 힘(중량물)을 사용한다	☐	☐
• 취급하는 물체의 무게가 무겁다	☐	☐
• 팔꿈치/아래팔에 통증을 느끼는 자세를 오래 유지한다	☐	☐
• 팔꿈치/아래팔을 1분당 4회 이상 반복해 움직인다	☐	☐
• 공구의 무게가 무겁거나 진동이 있다	☐	☐
• 손목을 접는 자세를 자주 취한다	☐	☐
• 손목을 펴는 자세를 자주 취한다	☐	☐
• 팔꿈치/아래팔에 물체가 접촉하거나 압박감을 느낀다	☐	☐
• 손으로 밀거나 당기는 작업을 한다	☐	☐
• 손을 망치처럼 사용한다	☐	☐

- 팔꿈치/아래팔 부위 힘

취급하는 물품 3kg 이상인지 확인한다. 다만 힘을 많이 가하는 것만이 유일한 요인일 때는 상당히 과도한 힘이 존재해야 연관성이 있다고 본다. 주로 반복되는 자세와 힘이 결합했을 때 업무관련성이 높다.

또 접촉압박(팔꿈치 압박 또는 접촉)은 팔꿈치를 기댄 채로 작업을 하는 경우나 충격 흡수가 안 되는 면과 접촉한 상태로 하는 작업에서는 마찰 또는 압력이 작용해 질환을 일으킬 가능성이 크다.

- 팔꿈치/아래팔 부위 반복성

일하면서 팔꿈치나 아래팔에 가해지는 힘이나 부적절한 자세가 동시에 1분 이상 유지되거나(정적자세), 1분당 4회 이상 반복되는 경우 근골격계질환과 업무관련성이 높은 것으로 본다.

- 팔꿈치/아래팔 부위 근골격계 질병별 주요 확인사항

대표적인 질환인 외상과염은 손목의 젖히는 정도 또는 바깥쪽으로 회전하는 동작과 동시에 힘이 작용하는지 내상과염의 경우 손목을 굽히거나 또는 안쪽으로 회전하는 동작과 함께 힘이 가해지는지가 중요한 포인트다.

주관절염좌의 경우에는 증상 발현시점에 큰 충격이 있거나, 주관절 퇴행성 관절염의 경우에는 장기간 파쇄작업 등과 같은 망치사용 작업에 노출될수록 발병하거나 악화될 가능성이 크다.

손/손목 부위 근골격계질환

● 손/손목 부위 대표 질환

상병명	상병코드
자(척골)신경병터(Guyon 골관에서의 척골신경 포착신경병증)	【G56.2】
노뼈붓돌기힘줄 윤활막염(드퀘르벵, DeQuervain' dz)	【M65.4】
팔목터널(수근관, 손목굴) 증후군	【G56.0】
제1 손목손허리관절(수근중수관절)의 관절증	【M18.0-1】
손(수부)의 관절증	【M19.04】
방아쇠 손가락증(엄지 및 다른 손가락)	【M65.3】
결절종(Ganglion)	【M67.4】
손 · 손목의 건(초)염 · 윤활막염	【M65.8】

● 주요 위험 요인

　손은 가장 많이 사용하는 신체부위다. 가장 많이 사용하는 부위다 보니 다른 부위에 비해 상대적으로 사용되는 반복횟수가 높은 편이다. 손목 부위에는 손가락과 손목을 움직이는 근육과 힘줄과 신경들이 위치하고 있다. 많이 사용되는 만큼 손과 손목 부위 근골격계질환의 다양한 질환들을 유발하는 위험 요인도 다양하다. 힘과 자세, 반복성과 진동까지 다양한 요인이 작용한다.

129

• 손/손목 부위 자세

손과 손목, 팔꿈치의 회전과 비트는 자세들이 반복되었을 때 업무상 질병 가능성이 높다. 손바닥을 아래로 회전하는 회내전, 손바닥을 위로 향한상태에서 회전하는 회외전, 손으로 밀고 당기거나 손목을 위아래 또는 좌우로 비트는 동작들이 손목과 팔꿈치에 충격과 긴장을 유발한다.

손가락으로 쥐거나 잡는 동작, 손가락에 강한 힘을 주거나, 손바닥에 얼마나 압박이 가해지는지, 손바닥에 접촉압박이나 충격이 발생하는지를 확인해봐야 한다. 또 손으로 작업할 때 장갑을 착용하는 경우가 많기 때문에 장갑을 착용한 상태에서도 얼마나 힘이나 회전이 발생하는지 확인해야 한다.

체크 리스트	예	아니요
• 손목을 위로 접거나 펴는 동작이 있다	☐	☐
• 손목을 아래로 꺾거나 펴는 동작이 있다	☐	☐
• 손목이 엄지방향을 향해 옆으로 꺾이는 동작이 있다	☐	☐
• 손목이 새끼손가락방향을 향해 옆으로 꺾이는 동작이 있다	☐	☐
• 손과 손목으로 취급하는 물체의 무게가 무겁다	☐	☐
• 손/손목에 통증을 느끼는 자세를 오래 유지한다	☐	☐
• 손/손목을 1분당 4회 이상 반복해 움직인다	☐	☐
• 공구의 무게가 무겁거나 진동이 있다	☐	☐
• 손가락으로 쥐는 작업이 있다	☐	☐
• 손가락으로 잡는 작업이 있다	☐	☐
• 손가락에 강한 힘을 사용한다	☐	☐
• 과도한 손가락 펴는 자세가 있다	☐	☐

• 손바닥에 자주 물체가 접촉한다	☐	☐
• 손바닥이 충격을 받는 작업이 있다	☐	☐
• 손에 미끄러운 장갑을 착용한다	☐	☐
• 손을 망치처럼 사용한다	☐	☐

● 손/손목 부위 힘

손가락이 가해지는 물품의 무게가 1kg 이상, 손목에 가해지는 무게가 2kg 이상이라면 무리가 될 수 있다. 또는 공구의 무게가 2kg 이상인지 확인한다. 단순히 무게뿐만 아니라 작업 과정 또는 공구를 사용하는 과정에서 사용하는 힘은 제각기 다를 수 있다는 점을 잊으면 안된다. 또 손이나 손목에 전달되는 진동의 크기가 크고 오래 노출될수록 발병 위험이 높다.

● 손/손목 부위 반복성

일하면서 가해지는 힘이나 부적절한 자세가 동시에 1분이상 유지되거나(정적자세), 1분당 4회 이상 반복되는 경우 근골격계질환과 업무관련성이 높은 것으로 본다.

● 손/손목 부위 근골격계 질병별 주요 확인사항

대표적인 질환인 수근관증후군은 반복적인 손목의 사용 및 손목에 힘이 가해지는 동작이 있는지, 삼각연골복합체파열/척골충돌증후군 손목이 좌우로 척측 회전하는 동작이 있는지를 확인한다.

손목관절염좌는 증상발현 시점에서 재해자가 기억하는 수준의 충격이 있었는지, 손목뼈 무혈성괴사는 장기간 파쇄작업 등과 같은 망치사용 작업에 노출된 적이 있는지가 관건이다.

손가락 및 손의 건염/건초염은 일회적이거나 단기간이지만 과도한 힘의 사용 또는 강하지 않지만 반복성이 높은 작업을 집중적으로 수행했는지 확인하고, 수부(손목 또는 수지)의 경우 저항력이 있는 절단 도구 또는 무거운 수공구를 이용해 반복적으로 손가락에 힘이 가해지는 작업을 장기간 수행했는지를 확인한다.

허리/고관절 부위 근골격계질환

• 허리/고관절 부위 대표 질환

상병명	상병코드
아래허리통증(요통), (요부 긴장/염좌, Low Back strain/Sprain)	【M54.5, S33.5】
퇴행성 척추탈위증(Degenerative Spondylolisthesis)	【M43.1】
요부(허리) 퇴행성 추간판질환(Lumbar Degenerative Disk Disease)	【M51.3】
요추간판탈출(전위)(Lumbar Disc Herniation)	【M51.2】
요추간판탈출(전위)과 척수병증이 있을 때 (Lumbar disc herniation with Myelopathy)	【M51.0】

요추간판탈출(전위)과 신경근병증이 있을 때 (Lumbar disc herniation with Radiculopathy)	【M51.1】
외상성 추간판 팽윤, 요추부 염좌	【S33.5】
외상성 요추부 추간판탈출(파열)	【S33.0】

● 주요 위험 요인

허리와 고관절은 몸의 중심이다. 모든 동작의 중심 역할을 한다. 특히 중량물, 취급하는 물체의 무게와 연관이 깊다. 중량물 작업이 있는지 여부와 작업자세와 힘, 전신진동도 영향을 미친다.

● 허리/고관절 부위 자세

어깨 위로 손을 올린 자세로 중량물을 노동자가 키 높이 위로 올리거나 내리는 작업을 할때 허리가 젖혀지거나 또는 비틀림이 작용할 수 있다. 물건을 들고 내릴 때 물품이 놓여있는 높이도 중요하다

또 무릎을 꿇은 자세 또는 쪼그릴 때, 등을 사용해 물건을 운반할 때 허리가 굽혀지는 정도에 따라 발병할 위험이 높아진다. 일하면서 허리 굽히고 팔을 뻗은 자세에서 몸의 무게 중심이 앞으로 쏠리는 경우 고관절 굴곡과 허리 굴곡 정도에 따라 위험도가 높다고 본다.

허리가 젖혀졌을 때 부담을 감소시키는 허리 지지대가 없거나 또는 앉아있을

때 허리 받침이 없거나, 높이가 맞지 않는 의자나 책상을 사용하지 않는지도 확인한다.

체크 리스트	예	아니요
• 허리를 앞으로 굽히는 자세를 자주 취한다	☐	☐
• 허리를 뒤로 젖히는 자세를 자주 취한나	☐	☐
• 허리를 좌우로 회전하거나 비트는 자세를 자주 취한다	☐	☐
• 허리가 좌우로 꺾이는 자세를 자주 취한다	☐	☐
• 취급하는 물체가 무겁다	☐	☐
• 허리에 통증을 느끼는 자세를 오래 유지한다	☐	☐
• 허리를 1분당 4회 이상 반복해 움직인다	☐	☐
• 무거운 물건을 자주 들어올리거나 옮긴다	☐	☐
• 일하는 과정에 전신에 진동이 전해진다	☐	☐
• 어깨 위로 손을 올린 자세로 무거운 물건을 든다	☐	☐
• 무릎 꿇은 자세를 자주 취한다	☐	☐
• 무릎 쪼그린 자세를 자주 취한다	☐	☐
• 허리 굽히고 팔을 뻗는 자세를 자주 취한다	☐	☐
• 등을 사용해 물건을 운반한다	☐	☐

● 허리/고관절 부위 힘

허리와 고관절은 특히 취급하는 무게가 무거울수록 또 자주 취급할수록 부담이 커진다. 또 밀고 당기고, 운반하는 방식에서 허리나 고관절에 가해지는 힘이 얼마나 큰지에 따라 달라진다.

승용차/택시/소형트럭, 지게차/버스/화물트럭, 건설/농업용 (중)장비를 다루는 노동자의 경우에는 계속해서 전신진동이 전달되기 때문에 등을 1일 평균 작업시간, 차량의 유압시트 설치 상태를 확인할 필요가 있다.

• 허리/고관절 부위 반복성

일하면서 가해지는 힘이나 부적절한 자세가 동시에 1분이상 유지되거나(정적자세), 부적절한 자세, 또는 중량물을 다루는 빈도가 높을수록 근골격계질환과 업무관련성이 높다.

• 허리/고관절 부위 근골격계 질병별 주요 확인사항

대표적인 질환인 요추추간판탈출증은 허리의 굴곡/신전 상태에서 좌우 회전/꺾임이 동시에 작용했는지 확인한다. 또 노면상태가 불량한 작업장에서 차량을 운전하거나, 중량물을 운반하거나 밀고 당기는 작업을 장기간 수행한 경우 등에 해당하는지 확인한다.

요추염좌는 증상발현 시점에서 재해자가 기억하는 수준의 충격이 있었는지가 중요한 체크 사항이다.

고관절퇴행성관절염의 경우 허리 부담 작업 시 부적절한 자세 지속 또는 중량물 이동이 있는 경우, 기간 및 구체적 상황을 확인할 수 있는 자료가 충분한지가 중요하다.

무릎/발목 부위 근골격계질환

● 무릎/발목 부위 대표 질환

상병명	상병코드
반월상 연골손상(반달연골의 이상)	【M23.2】
슬개대퇴부 통증 증후군(무릎뼈 연골연화증)	【M22.2-4】
전무릎뼈(슬개골) 윤활낭염(Prepatellar Bursitis)	【M70.4】
발바닥 근막염(Plantar Fasciitis)	【M72.2】
무릎뼈 힘줄염(슬개건염, Patellar Tendinitis)	【M76.5】
발목과 발의 힘줄(건)염(Ankle or Foot Tendinitis)	【M77.97】

● 주요 위험 요인

무릎관절은 몸에서 가장 큰 관절 중 하나다. 무릎과 발목은 걷거나 뛰면서 항상 사용하기 때문에 다치는 경우가 많다. 작업자세나 동작, 힘의 작용방향과 반복 횟수가 주된 위험 요인으로 작용한다.

● 무릎/발목 부위 자세

무릎/발목 부위는 허리를 앞으로 굽히거나 뒤로 젖히는 동작, 좌우로 회전하거나 비트는 자세, 꺾이는 동작과 함께 취급하는 물품의 무게의 누적정도나 취급빈도, 밀고 당기는 동작, 전달되는 진동 유무, 어깨 위로 손을 올린 자세와 함께 중량물이 놓여있는 높이 등 다양한 요인이 작용한다.

발을 고정한 상태이거나 갑자기 멈춘 상태에서 무릎 또는 발목의 비틀림 자세가 발생하는 작업이 있다면 업무관련성이 높다.

또 출발과 정지를 반복하거나 움직임이 제한된 좁은 공간에서의 쪼그리는 작업, 무릎을 바닥에 접촉하거나 무릎을 이용하여 충격을 가해지는 일이라면 업무 관련성이 높다. 특히 계단이나 차에서 내리는 것처럼 높이가 다른 곳에서 반복적으로 뛰어내리는 동작이 있는데 그 높이 차이가 크고 반복적이라면 업무 관련성이 높다.

체크 리스트	예	아니요
• 무릎을 꿇는 자세를 자주 취한다	☐	☐
• 무릎을 쪼그리는 자세를 자주 취한다	☐	☐
• 계단, 경사로, 사다리 등을 자주 오르내린다	☐	☐
• 운전을 하거나 비슷한 자세를 취하는 작업을 한다	☐	☐
• 오랜 시간 걷는다	☐	☐
• 무거운 물건을 취급한다	☐	☐
• 무릎/발목에 통증을 느끼는 자세를 오래 유지한다	☐	☐
• 무릎/발목을 1분당 4회 이상 반복해 움직인다	☐	☐
• 무릎 또는 발목의 비틀리는 자세가 자주 발생한다	☐	☐
• 움직일 때 출발이나 정지를 반복한다	☐	☐
• 불안정한 자세를 취할 때가 많다	☐	☐
• 움직임이 제한된 좁은 공간에서 일한다	☐	☐
• 무릎이나 발목에 물체가 접촉된다	☐	☐
• 무릎이나 발목에 충격이 전달된다	☐	☐
• 뛰어내리는 동작을 자주 취한다	☐	☐

• 무릎/발목 부위 힘

허리와 마찬가지로 무릎과 발목은 중량물을 취급하는 빈도와 그 무게에 따라 부담이 커진다.

• 무릎/발목 부위 반복성

일하면서 가해지는 힘이나 부적절한 자세가 동시에 1분 이상 유지되거나(정적자세), 부적절한 자세, 또는 중량물을 다루는 빈도가 높을수록 근골격계질환과 업무관련성이 높은 것으로 본다.

• 무릎/발목 부위 근골격계 질병별 주요 확인사항

대표적인 질환인 반월상연골 파열 또는 손상의 경우 쪼그리거나 꿇는 자세가 필요한 무릎 부위의 부담 작업이 없는지, 과거 무릎 부위에 인대가 손상된 적은 없는지 확인한다.

슬관절 또는 발목 염좌 증상 발현 시점에서 재해자가 기억하는 수준의 충격이 있었는지를 확인하고, 슬관절 퇴행성관절염은 장기간 중량물을 취급하거나 무릎의 부담 자세 지속적으로 노출될수록 연관성이 크다 본다.

11가지의
근골격계 부담작업 업무

　　노동부는 고시[*]를 통해 근골격계 부담작업의 범위를 정하고 있다. 고시에서 정한 총 11가지의 근골격계 부담작업이 일터에 있다면 사업주는 유해요인조사, 작업환경개선, 의학적 조치, 유해성 주지 등 조치의무가 발생한다. 노동부 고시는 근골격계 부담작업을 이렇게 정의하고 있다.

　　근골격계 부담작업은 단기간작업(2개월이내 종료되는 1회성 작업) 또는 간헐적인 작업(연간 총 작업 일수가 60일이 안 되는 작업)에 해당되지 않는 작업 중에서 다음 11가지 범위의 작업 중 하나 이상의 작업이 주당 1회 이상 지속적으로 이루어지거나 연간 총 60일 이상 이루어지는 작업을 말한다.

● 고용노동부고시 제2020-12호, 2020. 1. 6., 일부개정

1. 하루에 4시간 이상 집중적으로 자료입력 등을 위해 키보드 또는 마우스를 조작하는 작업

2. 하루에 총 2시간 이상 목, 어깨, 팔꿈치, 손목 또는 손을 사용하여 같은 동작을 반복하는 작업

3. 하루에 총 2시간 이상 머리 위에 손이 있거나, 팔꿈치가 어깨 위에 있거나, 팔꿈치를 몸통으로부터 들거나, 팔꿈치를 몸통 뒤쪽에 위치하도록 하는 상태에서 이루어지는 작업

4. 지지되지 않은 상태이거나 임의로 자세를 바꿀 수 없는 조건에서, 하루에 총 2시간 이상 목이나 허리를 구부리거나 트는 상태에서 이루어지는 작업

5. 하루에 총 2시간 이상 쪼그리고 앉거나 무릎을 굽힌 자세에서 이루어지는 작업

6. 하루에 총 2시간 이상 지지되지 않은 상태에서 1kg 이상의 물건을 한 손의 손가락으로 집어 옮기거나, 2kg 이상에 상응하는 힘을 가하여 한 손의 손가락으로 물건을 쥐는 작업

7. 하루에 총 2시간 이상 지지되지 않은 상태에서 4.5kg 이상의 물건을 한 손으로 들거나 동일한 힘으로 쥐는 작업

8. 하루에 10회 이상 25kg 이상의 물체를 드는 작업

9. 하루에 25회 이상 10kg 이상의 물체를 무릎 아래에서 들거나, 어깨 위에서 들거나, 팔을 뻗은 상태에서 드는 작업

10. 하루에 총 2시간 이상, 분당 2회 이상 4.5kg 이상의 물체를 드는 작업

11. 하루에 총 2시간 이상 시간당 10회 이상 손 또는 무릎을 사용하여 반복적으로 충격을 가하는 작업

노동부 고시가 제시하는 11가지 기준으로는 모든 일터의 작업과 근골격계질환의 유발 요인을 충분히 포괄하기에는 한계가 있다. 특히 작업 시간, 반복횟수, 중량물의 무게와 같은 구체적인 기준들이 절대적이고 엄격하게 적용되기 때문에 산재 노동자의 성별, 나이, 신체 조건 등은 무시되는 획일적인 기준처럼 보여진다. 이로 인해, 아주 작은 차이만으로도 근골격계 부담작업이 아니라고 부정될 수 있다는 점은 아쉽다.

그럼에도 불구하고 작업시간과 자세 등이 구체적으로 명시되어 있다. 작업시간이나 반복 횟수, 중량물의 무게 등 구체적인 위험 요인을 제시한다. 덕분에 근골격계질환을 유발시키는 작업을 보다 이해하기 쉬워지는 면도 있다.

근골격계 질병을 산재로 인정받고 싶다면, 노동부가 고시하는 근골격계 부담작업을 했다는 것을 증빙해야 한다. 앞서 살펴본 다양한 요인들을 체크하면서, 완벽히 일치 하지 않더라도 고시가 정하는 11가지의 부담작업에 근접하는 재해경위서가 작성될 필요가 있다.

3

산재추정의 원칙 :
그 직업은 아플 수 있다.

4달이나 걸리는 산재처리 기간

모든 근골격계질환은 상세한 재해조사와 업무상질병판정위원회의 심의를 거친다. 2023년 8월 기준 업무상 질병 중 45.6%는 근골격계질환이다. 2022년에는 1만2천491건이 신청됐고, 8천695건이 승인됐다. 매년 산재 승인율도 65% 전후로 다른 질병에 비해 높은 편이다.

하지만 문제는 처리 기간이 계속 길어지고 있다는 점이다. 2014년 근골격계질환 처리 기간은 평균 66.9일이었다. 그런데 2023년 근골격계질환 처리 기간은 평균 137.7일로 두 배 이상 늘어난 4~5개월이 소요된다.

신체부담업무에서 일한 경우 업무상질병 판정절차를 거쳐야 한다. 그런데 판정절차가 복잡한 편이다. 의사 소견서를 받고, 전문가와 상담한 후 신청하는 기간을 고려한다면 처리 기간은 더 늘어난다. 신청을 하더라도 근로복지공단은 위험 요인을 파악하기 위해 자료조사, 현장조사를 실시한다. 또 공단 자문의사에게 평가를 받고, 근골격계질환은 특별진찰도 받아야 한다. 또 업무상질병판정위원회의 심의까지 상당한 기간이 소요된다. 신속한 치료와 복귀가 필요한 산재 노동자에게는 굉장히 답답한 일이다.

근골격계 질병 산재의 하이패스

같은 일은 하는 사람끼리는 아픈 것도 닮는다. 원인이 되는 노동의 과정은 비슷하기 때문이다. 만약 비슷한 질병에 걸리는 비슷한 직업군이 있다면, 또 빈번하게 접수된다면 자료조사나 현장조사를 생략해도 되지 않을까?

노동부는 22년 7월부터 발생 빈도가 높은 근골격계 질병과 질병이 자주 발생하는 66개 직종을 정해 현장 조사를 생략하는 '근골격계 질병 추정 원칙'을 마련했다.

질병, 직종, 업무기간, 유효기간을 충족할 경우에는 업무관련성이 강하다고 평가하고 현장조사를 생략한다. 일종의 산재 처리 기간을 단축시킬 수 있는 하이패스를 만든 셈이다.

근골격계 질병 추정 3단계

　그렇다고 하이패스처럼 쉽게 지나칠 수 있는 것은 아니다. 요건이 엄격하다. 질병과 직종, 업무기간과 유효기간이 모두 충족돼야 한다. 오히려 더 철저한 단계별 검증이 필요하다.

■ 1단계 진단명 확인

　노동자가 진단받은 상병이 노동부 고시가 정한 상병과 일치해야 한다. 또 산재 신청 노동자의 주치의사와 공단 자문의사 소견이 모두 일치해야 한다.

증빙자료 : 진단서 등 의무기록, 영상자료, 주치의사 소견서 등

■ 2단계 직종 확인

　노동자가 일하고 있는 직종명은 노동부 고시에 표기된 한국표준직업분류와 일치해야 한다. 고용보험자격이력내역서를 발급하면 회사가 신고한 직종명을 확인할 수 있다.

증빙자료 : 의무기록, 영상자료, 주치의사 소견 등

■ 3단계 근무 기간 및 유효기간 확인

　노동부 고시가 정한 근무 기간과 유효기간 기준을 충족해야 한다. 근무기간은 국세청, 4대 보험 등으로 확인 가능한 객관적인 자료가 있어야 한다. 유효기간은 신청인이 신체부담업무를 중단한 다음 날부터 최초 상병 진단일까지 정해

진 기간 내에 진단을 받아야 함을 의미한다.

증빙자료 : 건강보험 수진자료, 의무기록, 4대보험자료 등

부위별로 하이패스 확인하기

목 부위 하이패스

- **1단계 진단명 확인**

MRI상 이상 소견(추간판 탈출)이 있고, 해당과 전문의(정형 · 신경외과)에 의해 경추간판탈출증임이 확인되어야 한다.

질병분류기호	질병명
M50.0	척수병증을 동반한 경추간판장애
M50.1	신경뿌리병증을 동반한 경추간판장애

- **2단계 직종 확인**

고용보험가입이력내역서 등에서 다음 직종의 직무를 수행했음을 확인되어야 한다.

분 야	직종(직무내용)
건 설	용접공, 배관공, 형틀목공, 전기공, 미장공, 도장공, 경량철골공
조 선	용접공, 배관공, 취부공, 사상공, 도장공
자동차	정비공
기 타	제조업 용접공

■ 3단계 근무 기간 및 유효기간 확인

근무 기간은 해당 직종에서 10년 이상이어야 한다. 유효기간은 12개월 이내이다. 신체부담업무를 중단한 다음날부터 12개월 이내에 최초 상병진단을 받아야 한다.

어깨 부위 하이패스

■ 1단계 진단명 확인

MRI상 이상소견(회전근개를 구성하는 힘줄(건)의 파열)이 있고, 해당과 전문의(정형외과)에 의해 아래의 상병명 확진되어야 한다. 다른 상병들과 다르게 회전근개파열과 충돌증후군이 함께 신청된 경우에도 적용 가능하다.

질병분류기호	질병명
M75.1	회전근개 증후군 [외상성으로 명시되지 않은 회전근개, 극상근 찢김 또는 (완전)(불완전) 파열, 극상근 증후군]

■ 2단계 직종 확인

분 야	직종(직무내용)
건 설	용접공, 배관공, 형틀목공, 석공, 전기공, 미장공, 도장공, 경량철골공, 새시조립 및 설치공, 인테리어공, 토목공, 조적공, 타일공, 견출공, 터널공, 관로공, 도배공
조 선	용접공, 배관공, 취부공, 사상공, 도장공, 비계공, 기계조립공, 전장공, 의장설치공
자동차	부품조립공, 의장조립공, 정비공, 도장공, 엔진조립공

타이어	성형공, 압출공, 정련공, 비드공, 검사원, 재단공
기 타	주류 및 음료배달원, 쓰레기수거원(재활용포함), 급식조리원, 제조업 용접공, 가구제조원(배달원 포함), 정육원, 마트판매원, 항만하역원, 이사작업원

■ 3단계 근무 기간 및 유효기간 확인

해당 직종에서 근무 기간 10년 이상 근무한 이력이 확인되야 한다. 유효기간은 12개월 이내이다. 신체부담업무를 중단한 다음날부터 12개월 이내에 최초 상병진단을 받아야 한다.

팔꿈치 부위 하이패스

■ 1단계 진단명 확인

임상적으로 뚜렷한 징후가 확인되거나 영상의학 검사에서 이상 소견이 확인되고, 해당과 전문의(정형외과)에 의해 아래의 상병명 확진되어야 한다. 의무기록상 내(측)상과염, 안쪽 위관절융기염(Medial epicondylitis, golfer's elbow) 또는 외(측)상과염, 바깥쪽 위관절융기염(Lateral epicondylitis, tennis elbow)의 진단명 확인되어야 한다.

질병분류기호	질병명
M77.0	내측 상과염, 안쪽 위관절융기염
M77.1	외측 상과염, 바깥쪽 위관절융기염

■ 2단계 직종 확인

분 야	직종(직무내용)
건 설	용접공, 형틀목공, 철근공
조 선	용접공, 취부공, 사상공, 도장공
자동차	부품조립공, 의장조립공
타이어	가류공, 정련공, 성형공, 압출공, 검사원
기 타	제조업 용접공, 조리원, 급식조리원, 음식서비스 종사원, 정육원, 쓰레기수거원(재활용 포함), 건물 청소원

■ 3단계 근무 기간 및 유효기간 확인

해당 직종에서 근무 기간 1년 이상 확인돼야 하고, 유효기간은 2개월 이내이다. 신체부담업무를 중단한 다음날부터 2개월 이내에 최초 상병진단을 받아야 한다.

손/손목 부위 하이패스

1) 수근관증후군

■ 1단계 진단명 확인

신경생리학적 검사결과 양성(정중신경병증이 명확하게 확인)이면서, 정중신경 지배 영역에서 감각이상, 감각둔화, 통증이나 무감각증이 존재하고, 해당과 전문의(정형 · 신경외과 · 신경과 · 재활의학과)에 의해 아래의 상병명이 확진되어야 한다.

질병분류기호	질병명
G56.0	손목터널증후군

■ **2단계 직종 확인**

분 야	직종(직무내용)
건 설	용접공, 형틀목공, 석공, 미장공
조 선	용접공, 취부공, 도장공
자동차	정비공, 의장조립공
기 타	제조업 용접공, 조리원, 급식조리원, 음식서비스종사원, 주방보조원, 정육원, 객실청소원

■ **3단계 근무 기간 및 유효기간 확인**

2년 이상 근무이력이 확인돼야 하고, 유효기간은 6개월 이내이다. 신체부담 업무를 중단한 다음날부터 6개월 이내에 최초 상병진단을 받아야 한다.

2) 삼각섬유연골복합체손상

■ **1단계 진단명 확인**

척수근 관절 또는 척골두 바로 원위부 압통이 있고, 정도에 따라 척골두의 아탈구, 수근골의 전방전위가 동반되고, 단순방사선검사 및 자기공명영상을 통하여 이상소견 확인되고 필요시 손목 관절경을 통하여 정확하게 진단 받아야 한다. 해당과 전문의(정형 · 신경외과 · 신경과 · 재활의학과)에 의해 아래의 상병명 확진이 필요하다.

질병분류기호	질병명
M9493	연골의 상세불명 장애, 아래팔

■ **2단계 직종 확인**

분 야	직종(직무내용)
자동차	부품조립공, 의장조립공
타이어	가류공, 정련공, 성형공, 압출공, 검사원
기 타	급식조리원

■ **3단계 근무 기간 및 유효기간 확인**

해당 직종에서 근무 기간 5년 이상 근무이력이 확인돼야 하고, 유효기간은 12 개월 이내이다. 신체부담업무를 중단한 다음날부터 12개월 이내에 최초 상병진 단을 받아야 한다.

3) 드퀘르벵

■ **1단계 진단명 확인**

엄지를 움직이는 동작 시 통증이 증가하고 통증과 함께 붓는 종창이 있거나 손목부위 눌림 시 통증 동반 등 임상적으로 뚜렷한 징후 확인 및 영상의학 검사 에서 이상 소견이 확인되고, 해당과 전문의(정형 · 신경외과 · 신경과 · 재활의 학과)에 의해 아래의 상병명이 확진되어야 한다.

질병분류기호	질병명
M65.44	드퀘르벵, 손(요골붓돌기힘줄윤활막염)

■ 2단계 직종 확인

분 야	직종(직무내용)
자동차	부품조립공, 의장조립공
기 타	조리원, 급식조리원, 제빵원

■ 3단계 근무 기간 및 유효기간 확인

해당 직종에서 근무 기간 1년 이상 확인돼야 하고, 유효기간은 2개월 이내이다. 신체부담업무를 중단한 다음날부터 2개월 이내에 최초 상병진단을 받아야 한다.

허리 부위 하이패스

■ 1단계 진단명 확인

하지의 신경근병증 증상이 있으면서 척추분절(L3~S1 범위로 한정)에 MRI 또는 신경근전도 소견상 신경근 압박소견이 관찰되고, 해당과 전문의(정형·신경외과)에 의해 아래의 상병명 확진되어야 한다.

질병분류기호	질병명
M51.0	척수병증을 동반한 요추 및 기타 추간판장애
M51.1	신경뿌리병증을 동반한 요추 및 기타 추간판장애

■ 2단계 직종 확인

분 야	직종(직무내용)
건 설	용접공, 배관공, 형틀목공, 석공, 전기공, 철골공, 중기운전원
조 선	용접공, 배관공, 취부공, 사상공, 도장공
기 타	자동차 정비공, 타이어 성형공, 제조업 용접공, 열차 정비공, 쓰레기수거원(재활용포함)

■ 3단계 근무 기간 및 유효기간 확인

해당 직종으로 근무 기간 10년 이상 확인돼야 하고, 유효기간은 12개월 이내이다. 신체부담업무를 중단한 다음날부터 12개월 이내에 최초 상병진단을 받아야 한다.

무릎 부위 하이패스

■ 1단계 진단명 확인

MRI상 이상소견(내측 또는 외측 반월상 연골판의 파열)이 있고, 해당과 전문의(정형외과)에 의해 아래의 상병명 확진되어야 한다.

질병분류기호	질병명
M23.2	오래된 찢김 또는 손상으로 인한 반달연골의 장애
M23.21	오래된 찢김 또는 손상으로 인한 반달연골의 장애, 내측반달연골
M23.22	오래된 찢김 또는 손상으로 인한 반달연골의 장애, 외측반달연골

■ 2단계 직종 확인

분 야	직종(직무내용)
건 설	용접공, 배관공, 형틀목공, 석공, 전기공, 철근공, 미장공, 비계공
조 선	용접공, 배관공, 취부공, 사상공, 도장공, 의장조립공, 심출 · 철목공, 전장공, 절단공, 보온공, 비계공, 선박정비공
기 타	제조업 용접공, 택배원, 이사작업원, 쓰레기수거원(재활용 포함), 어린이집 보육교사

■ 3단계 근무 기간 및 유효기간 확인

해당 직종으로 근무 기간 5년 이상 확인돼야 하고, 신체부담업무를 중단한 다음 날부터 최초 상병진단을 받은 날까지 기간이 12개월 이내이다.

아쉬워도 시도해보자

아쉬운 점은 추정의 원칙을 너무 엄격하게 적용하고 있다는 점이다. 상병코드, 직종, 근무 기간, 유효기간 모두 일치해야 적용받을 수 있고, 66개 직종과 특정 질병들에 불과하다.

정확한 상병코드를 확인하기 위해 소요되는 MRI 진단 비용도 산재를 신청하는 노동자에게는 부담이다. 직종명 코드 역시 주로 사용자가 신고하기 때문에 잘못 신고되었을 경우 노동자의 부담이 크다.

게다가 근골격계질환은 복합적으로 발생하고, 오랜 시간이 누적되어 발견되었을 때 산재를 신청하는데, 단독으로 발병했을 경우만 추정의 원칙을 적용한다는 아쉬움도 있다.

그럼에도 불구하고 추정 원칙의 기준표를 살펴보면 특정 직종에서 오래 일해온 노동자들에게 어떤 질병에 쉽게 노출되는지 한눈에 알 수 있다. 그리고 그나마 보다 신속하게 산재보상을 진행할 수 있게 되었다는 것은 다행인 일이다.

또 앞으로 특정 직종에서 어떤 안전보건체계를 마련해야 하는지 방향을 제시하는 측면도 있다. 이제 막 설치된 하이패스를 더 많은 노동자가 신청하고, 개선점을 건넨다면 이후로 더 많은 직종에서 더 폭넓게 더 빠르게 이용할 수 있지 않을까? 해당 직종, 근무 기간을 충족하고 유효기간 내에 진단 받을 수 있다면 아쉽더라도 신청해보자. 당신은 빠르게 산업재해로 인정받을 수 있다.

4

근골격계질환 산재 인정받기 체크리스트

내 몸과 질환을 공부하자

선무당이 무섭다는 말처럼, 의사가 아닌 일반인이 질병에 대해 이야기하는 것이 적절하지 않다고 생각하는 이들이 많다. 하지만 현재는 인터넷을 통해 질병 코드, 증상, 예방 방법, 치료 방법 등 거의 모든 정보를 손쉽게 검색할 수 있다.

질병에 대한 이해는 산업재해의 핵심인 질병과 업무 사이의 인과관계를 밝히는 데 필수적이다. 질병은 의학적으로 발병하는 주된 원인을 가지고 있으며, 많은 경우 인터넷을 통해 그 원인을 파악할 수 있다. 이 정보를 바탕으로 자신의 업무와 질병 사이의 관계를 찾아내는 것이 중요하다.

예를 들어, 근골격계질환의 유발 원인에 대해 수많은 요인을 제시하더라도,

결국 해당 질병이 업무로 인해 발생했다는 인과관계를 명확히 설명할 수 없다면 산재로 인정받기 어렵다. 즉, 질병의 원인과 업무 간의 관계를 구체적으로 이해하고 입증하는 것이 필요하다. 이를 통해 산재 신청 시 더욱 강력한 근거를 마련할 수 있다.

따라서, 질병에 대한 기본적인 지식을 갖추고 이를 업무와 연결 지어 분석하는 것은 중요한 과정이다.

일터에서 다양한 원인을 확보하자

산재 승인은 업무와 질병 간의 상당 인과관계를 입증하는 것이 핵심이다. 법은 급여를 청구하는 자에게 입증 책임을 두고 있기 때문이다. 산재 승인의 핵심은 결국 초기에 얼마나 많은 업무상 원인을 확보하느냐에 달려 있는 것이 사실이다.

따라서 업무 내용과 작업시간, 작업형태 등을 구체적으로 서술한 경위서나 동료들의 진술서는 유용하다. 특히 사고성 재해는 사고가 일어날 당시의 상황을 상세히 기록하거나 동료들의 증언이 필요하다.

다만, 질병성 재해의 경우 사고와 달리 오랜 시간 누적되어 발병하므로 특정

시점의 원인만으로는 입증이 어려울 수 있다. 따라서 오랜 기간 동안 노출되었던 작업 환경에서 원인을 찾아야 한다. 불편한 작업 자세, 과도한 힘, 높은 반복성, 접촉 스트레스 등은 주된 근골격계질환 발병 요인이다. 또한, 노동 강도의 증가, 작업 공정이나 생산 방식의 변화, 그리고 스트레스도 이러한 증상의 원인이 될 수 있다.

이러한 다양한 요인들을 종합적으로 분석하여, 장기간에 걸쳐 직무와 관련된 작업 환경이 질병 발생에 미친 영향을 명확히 입증하는 것이 중요하다. 이를 통해 산재 신청 시 보다 구체적이고 효과적인 주장을 펼칠 수 있다.

기억보다 기록을 준비하자

상당 인과관계를 뒷받침하는 것은 기록이다. 산재 입증은 기억으로 시작하더라도 기록으로 완성해야 한다. 근무시간은 출퇴근 기록이나 근로계약서 등으로 입증해야 하며, 불편한 작업 자세, 과도한 힘, 높은 반복성, 접촉 스트레스 등은 동영상이나 사진으로 입증하면 좋다. 꼭 본인이 아니어도 같은 업무를 하고 있는 동료의 작업을 확인하는 것도 유효하다. 가능하다면 작업 속도나 스타일이 비슷하고, 신장이나 몸무게도 유사한 동료가 좋다. 입증을 위한 증거 기록 양식은 정해져 있지 않으므로 할 수 있는 모든 자료를 하나씩 만들어 가는 것이 바람직하다.

예를 들어, 제조업 현장에서 상하차 업무를 담당한 청년 노동자가 있었다. 그는 산재를 신청하자 회사가 이를 완강히 부인하며, 그가 CCTV가 없는 구역에서 경미한 업무만 담당했다고 주장했다. 이 청년은 지적장애가 있어 진술에 어려움을 겪었지만, 부모님의 도움으로 힘들었던 작업 자세들을 반복적으로 표현할 수 있었다. 이 자세들을 동영상으로 기록해 제출한 결과, 산재로 인정받을 수 있었다.

또 다른 사례로, 전자부품을 생산하는 업체에서 일하던 여성 노동자가 있었다. 그녀가 산재를 신청했을 때, 회사는 그녀가 수행하던 직무를 없애버렸다. 그 직무는 작은 핀들을 쉴 새 없이 빠르게 담고, 허리를 뒤틀어가며 작업해야 하는 고된 일이었다. 그녀는 인터뷰 중 유사한 작업을 하는 협력업체가 있다는 정보를 제공했고, 그와 유사한 작업공정을 사진과 영상으로 기록해 제출했다. 근로복지공단 담당 조사관의 현장조사 노력까지 더해져 결국 산재로 인정받을 수 있었다.

또한 반드시 체크해야 할 기록도 있다. 기존 질환이나 치료 기록은 산재 신청 이전에 확인하는 것이 좋다. 만약 "일이 아니라면 아픈 적이 없다"는 진술을 한 뒤에 비슷한 상병 부위에 대한 이전 병력이나 치료 기록이 발견된다면, 오히려 산재 승인을 받기가 어려워질 수 있다. 이전 병력이나 치료 기록이 장애물이 되지는 않지만, 향후 주장 논리를 명확하게 하기 위해 건강보험공단의 요양급여 내역을 확인해 기존 질환이나 치료 기록을 미리 검토하는 것이 중요하다.

논리적인 주장 뼈대를 만들자

디스크라고 불리는 추간판탈출증이 산재 인정률이 낮은 이유는 주로 퇴행성 질환이기 때문이다. 팔, 손목, 어깨의 경우 퇴행성 질환이라는 이유만으로 산재가 불승인 되지 않지만, 허리의 경우 기왕증●이나 연령증가에 따른 노화현상으로 판단되어 불승인 되는 경우가 많다. 발병할 수 있는 원인은 너무 많은 데 반해 업무와 상당한 인과관계를 충분히 입증하지 못하기 때문이다.

인과관계가 반드시 의학적, 과학적으로 명백하게 입증해야 하는 것은 아니다. 노동자의 취업 당시 건강상태나 발병하게 된 경위, 질병 내용, 치료경과 등 제반 사정을 고려할 때 인과관계가 예상되고 판단되는 경우에도 인정받을 수 있다. 업무를 원인삼아 발병하거나, 기존 질병이 빠르게 진행됐다는 점을 논리적으로 입증하면 된다.

특히 근로복지공단은 자체적으로 마련한 '근골격계 질병 업무상질병 조사 및 판정 지침'이라는 내부지침에 근거해 업무상 질병 여부를 판단한다. 이 지침의 흐름에 맞춤화된 주장논리 구성이 필요하다.

가장 흔하게 사용하는 구성은 '충격의 크기'를 돋보이게 하는 주장 논리다. 사고가 신체에 급격한 변화를 줄 만큼 얼마나 큰 외력을 불러일으켰는지를 강

● 환자가 지금까지 경험해 본 병을 뜻한다.

조하는 것이다. 흔히 삐끗 재해에서 많이 쓰인다. 미끄러지거나 부딪히거나 과도한 힘을 쓰게 되어 급격히 발현되거나 악화되었다는 것이 주된 논리이다.

기존 병력이나 치료 이력이 있다면 '가속도의 크기'를 돋보이게 하는 주장논리를 사용해야 한다. 물론 사고가 있었던 경우 사고의 중대성을 강조하는 한편, 기존에 가지고 있었던 상병상태는 건강히 잘 관리되고 있었지만, 사고나 신체부담업무 때문에 훨씬 더 악화되고 가중되었다는 것을 주장해야 한다. 업무변화와 더불어 통증을 느끼는 강도나 치료가 필요한 범위 등이 얼마나 빠르게 진행되었는지를 구체적으로 입증되면 좋다. 질병의 자연적인 진행 경과와 비교되면 더 좋다.

사고가 없었다면 '필연성의 크기'를 강조해야 한다. 평소 하던 업무가 신체부담 업무이고, 근골격계질환 위험 요인에 장시간 노출되었다는 것을 입증해 발병했다는 점을 밝혀야 한다. 재해신청을 늦춰서라도 의자나 책상의 높이부터, 온도, 진동의 크기, 반복횟수, 중량물 취급 빈도, 작업 자세 등 근골격계 재해조사시트를 꼼꼼히 작성하는 것이 필요하다.

특히 퇴행성 질병이 있는 경우에는 의학적 근거 내지 업무와 질병 간의 인과관계가 훨씬 충분하게 강조될 필요가 있다. 직업환경의나 인간공학, 산업위생 및 산업보건 관련 의견서를 첨부해 신뢰도를 높일 수 있다.

인터넷 검색보다 심사결정사례집에 대입해보자

인터넷이나 뉴스에서는 근골격계질환 정보가 넘쳐난다. 노무사나 노무법인, 손해사정사나 산재전문 변호사에 이르기까지 다양한 전문가 그룹이 근골격계 질환과 관련된 정보를 인터넷에 업로드한다. 하지만 주로 홍보가 목적이고, 개인정보 보호 목적 때문에 구체적인 주장 논리나 업무 내용과 상병명 등을 확인하기 어려운 경우가 많다. 설사 정보가 충분히 제공되더라도 일터나 신체조건이 천차만별이라 딱 맞는 케이스를 찾기는 어렵다. 그래서 검색을 오래, 많이 하더라도 잘 정리되는 경우는 드물다. 그렇다면 어디서 자료를 찾아볼 수 있을까?

근로복지공단 자료실을 살펴보면 '심사결정사례집'이나 '재심사재결사례집', '산재판례집'이 있다. 근로복지공단 홈페이지 우측 상단의 업무별사이트를 통하면 업무상질병판정서나, 심사결정서, 산재판례정보를 살펴볼 수 있다. 이미 승인과 불승인 판단을 거친 다양한 사례들이 정리되어있고, 검색하기도 쉽다.

어떻게 상당 인과관계를 입증했는지, 어떤 자료들이 활용되었는지, 어떤 주장논리를 펼쳤는지 살펴보는 것이 중요하다. 그리고 업무상 재해로 인정받은 사례들의 주된 포인트를 추출해서 내가 가진 사례에 대입해보자. 선례를 참조해 유리한 요인들과 불리한 요인들을 정리하고, 업무상 재해일 수밖에 없는 주장 논리를 만들어가는 것이다.

전문가 상담이 먼저다

검색은 간단히 하고, 직접 방문 상담을 받는 것이 좋다. 각 지역마다 노동권익센터 또는 노동자지원센터를 통해 무료상담받을 수 있다. 진단받은 질병명과 산재를 함께 검색하면 경험이 있는 노무사를 찾을 수 있다. 산재를 전문으로 하는 노무법인도 있다. 다양한 케이스를 경험한 전문가면 충분하다. 질병에 대해 충분히 이해하고 있고, 이를 유발할 수 있는 원인을 파악하고, 주장 논리를 만들 수 있는 전문가를 찾아 방문하는 것이 좋다. 검색보다 상담이 먼저다.

Practice

5분 만에 통증을 리셋하는
예방관리법

한국산업안전보건공단의 메시지

우리나라는 직업, 노동, 일자리 등을 관장하는 정부 기관으로 고용노동부가 있다. 또한 고용노동부 산하 공공기관인 한국산업안전보건공단이 있다. 이 기관 홈페이지에 들어가면 '산업재해예방 안전보건공단'이라는 메시지가 눈에 띈다. 산업재해가 일어난 후 사후 관리도 중요하지만 그런 일이 일어나지 않도록 예방을 더 중요시하는 대목이다.

한국산업안전보건공단 홈페이지 메뉴에서 사업소개 〉 산업보건 〉 근골격계 질환예방 〉 예방관리프로그램●을 살펴보면 "사업장의 근원적인 예방 대책 수립을 지원하여 자율적인 예방활동 조성에 기여"라는 문구가 있다. 사업장에서 예방관리를 위해 지원과 조성이 필요하지만 결국은 자율적인 예방활동이 핵심이다. 따라서 일터에서 일하는 나 자신이 스스로 산업재해가 일어나지 않도록 오늘도 내일도 항상 조심하는 안전 예방이 더 중요하다.

업종별 예방관리프로그램

서비스안전	번호	분류	제목	작성자	등록일	첨부	조회
산업보건 ∧	28	직종별	근골격계질환 예방 매뉴얼(환경미화원)(1)	직업건강실	2011.09.20	🖼	18635
작업환경개선 +	27	직종별	근골격계질환 예방 매뉴얼(차량정비원)	직업건강실	2011.09.20	🖼	8500
집식재해예방 장비대여신청	26	직종별	근골격계질환 예방 매뉴얼(조리직종)	직업건강실	2011.09.20	🖼	12262
서면안전관리 +	25	직종별	근골격계질환 예방 매뉴얼(유통업종)	직업건강실	2011.09.20	🖼	9785
근로자 건강증진 +	24	직종별	근골격계질환 예방 매뉴얼(요양보호직종)(2)	직업건강실	2011.09.20	🖼	14623
근골격계질환예방 −	23	직종별	근골격계질환 예방 매뉴얼(건물청소원)	직업건강실	2011.09.20	🖼	10567
- 근골격계질환이란? +	22	비제조업	근골격계질환 예방 매뉴얼(건설업)	직업건강실	2011.06.22	🖼	17584
- 근골격계질환 유해요인조사 +	21	제조업	근골격계질환 예방 매뉴얼(고무제품제조업)	근골격계질환예방팀	2009.12.02	🖼	8838
- 예방관리프로그램 +	20	비제조업	근골격계질환 예방 매뉴얼(금융및보험업)	근골격계질환예방팀	2009.12.02	🖼	8368
- 인간공학적 개선원리 +	19	비제조업	근골격계질환 예방 매뉴얼(자동차여객운수업)	근골격계질환예방팀	2009.12.02	🖼	9312
- 기술자료							
- 개선우수사례(작업유형별)							
- 업종별 예방관리프로그램							
산업보건 자료실 +							
산업보건정보							
스마트 환기관리 평가도구(코-쉼)							
전자 산업생태계 안전보건모열							

1 2 3 〉 》

● 안전보건공단, https://www.kosha.or.kr/kosha/business/preventivecare_d_a.do(검색일: 2024.04.25.)

근골격계질환예방 서브 메뉴에는 업종별 예방관리프로그램*이 있다. 환경미화원, 차량정비업, 조리직종, 유통업종, 요양보호직종, 건물청소업, 건설업 등 28개 업종별의 예방관리프로그램으로 우리나라 대부분 업종에 포함된다. 자신이 일하는 동종 업종의 근골격계질환 예방 매뉴얼을 살펴보고 정보를 얻는 것도 좋다. 예방 매뉴얼에는 현황, 위험 요인, 예방대책이 자세히 나와 있다. 이 매뉴얼을 토대로 일터에서의 행동 요령, 바른 동작 등 실용적인 방법을 알아둔다면 산업재해 예방관리에 기초를 세울 수 있다.

근골격계 예방관리를 위한 솔직한 실전 원칙

직업을 알면 어떤 근골격계질환이 생기는지 대략 상상이 된다. 반대로 직업을 알지 못해도 체형을 보면 문제점을 예측할 수 있다. 직업과 체형은 뗄 수 없는 상호 영향을 주는 관계이기 때문이다. 하지만 섣부른 예측은 간혹 위험하다. 인체는 생물이라 시시각각 변하기 때문이다. 운동을 시작하기 전 근골격계질환 증상이 심하다면 의료진의 진료와 처방이 먼저임을 잊지 말자. 예방관리 운동보다 중요한 건 내 몸 상태에 맞는 치료를 받는 것이다.

실전에 적합한 예방관리프로그램 원칙은 각 개인에 맞는 몸 상태를 정확하게

---

* 안전보건공단, https://www.kosha.or.kr/kosha/business/musculoskeletalPreventionProgram.do(검색일: 2024.04.25.)

평가하고, 개인 맞춤형으로 예방과 관리가 필요하다. 즉 전문가의 도움이 필요하다. 하지만 현실적으로 전문가가 모든 개인에게 맞춤 도움을 줄 수는 없다. 대신 오랫동안 검증된 예방관리법을 익혀 하나씩 따라 해보자. 전문가가 옆에서 일대일로 지도하지 않아도 예방관리를 따라 하면 효과를 볼 수 있다. 책의 예방관리 운동을 정확히 하다 보면 어느새 몸은 유연해지고 균형이 잡히며 건강해질 것이다.

근골격계질환 예방관리 사용설명서

먼저, 뒤에 소개된 목, 어깨, 팔꿈치, 손과 손목, 허리, 골반, 고관절, 무릎, 발과 발목 순으로 운동을 따라 해보자. 간혹 통증이 일어나거나 더 불편한 운동 동작이 있으면 다음 운동으로 넘어간다. 동작이 제대로 안 되는데 안간힘을 쓰는 것보다 되는 만큼 하는 게 안전하다. 따라서 부위별로 가장 안전하고 쉽게 할 수 있는 동작만 제시했다. 또한 눕기, 엎드리기, 네발기기 자세 등으로 바닥에 대고 공간이 필요한 운동보다 앉아서나 서서 그 자리에서 바로 할 수 있는 동작으로 구성했다. 때로는 내가 가장 아픈 부위와 인접하는 부위의 운동을 했을 때 통증이 있는 부위가 회복될 확률이 더 높아진다. 그리고 가장 중요한 건 꾸준히 직접 해야 한다는 것이다!

나의 통증 부위
찾아보기

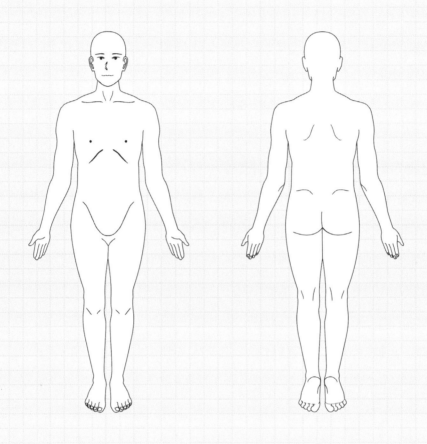

MEMO

평소 통증이 있는 부위를 체크해 상태를 인지할 수 있다.
운동 시 불편한 부위에 집중적으로 표시해보자.

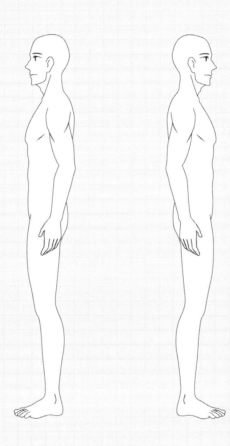

MEMO

1

뻣뻣한 목을
부드럽게

1) 후두하근 풀기

후두하근은 후두골(뒤통수 뼈) 밑에 위치해서 목 척추 1, 2번까지 연결되어 있다. 어깨 상부 근육인 승모근 긴장과 연결되기도 한다. 구부정한 자세로 앉아서 사무 작업을 할 때 시선을 위로 자주, 오래 올릴수록 후두하근은 뭉치고 뻣뻣해진다.

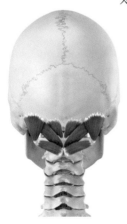

후두하근

1 운동 목적

후두하근을 풀어 목의 뻣뻣함을 감소하고 목 척추의 가동 범위를 증가시킨다.

2 운동 방법

앉아서 또는 서서 운동이 가능하다.

| 시작 자세 | 운동 자세 |

3 시작 자세

뒤통수 뼈 뒤쪽(빨간색 동그라미)에 양손의 검지, 중지, 약지 끝을
살짝 구부려 놓는다.

4 운동 자세

1. 손가락 끝으로 후두하근을 살짝 누른다.
2. 머리는 고정하고 손을 이용해 화살표 방향처럼 평행하게 좌우로
   누르면서 움직인다.
3. 뻣뻣하고 뭉친 부위를 찾아 근육을 푼다.

 통증이 발생하면 멈춘다.

2) 목 굴곡 근육 늘리기

장시간 고개를 숙여서 스마트폰을 보거나 구부정한 자세로 작업을 하는 경우 목 앞쪽에 위치한 굴곡(굽힘) 근육인 흉쇄유돌근이 뻣뻣해진다. 목을 과도하게 앞으로 구부리고 비틀면 목 디스크의 원인이 된다. 목을 뒤로 젖히는 스트레칭은 목 디스크 예방 및 관리를 위한 운동이다.

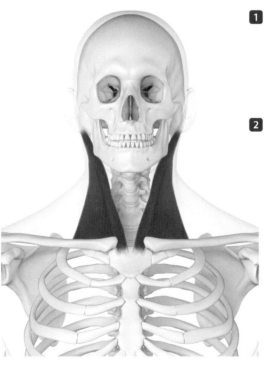

흉쇄유돌근

1 운동 목적

흉쇄유돌근을 비롯한 목 굽힘 근육을 스트레칭시켜 유연하게 한다.

2 운동 방법

앉아서 또는 서서 운동이 가능하다.

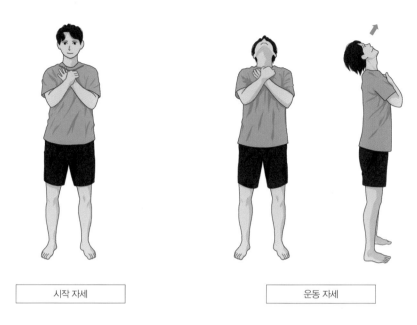

시작 자세

운동 자세

3 시작 자세

1. 팔꿈치를 구부리고 교차한 후 손가락 끝을 쇄골(빨간색 선) 위에
   위치하고 고정한다.
2. 양 손가락 끝으로 쇄골이 올라가지 않도록 살짝 밑으로 누른다.

4 운동 자세

1. 목을 천천히 뒤로 젖힌다.
2. 시선은 최대한 천장을 바라본 상태로 15초간 유지한다.
3. 목 앞쪽의 굽힘 근육들이 늘어나는 느낌을 충분히 느끼며 실시한다.

 통증이 발생하면 멈춘다.
동작을 빨리하면 목에 염좌가 발생할 수 있다. 천천히 움직이자.

3) 수건으로 목 관절 신전 운동

장시간 고개를 숙이거나 컴퓨터 작업을 하는 노동자들은 목이 경직된다. 목 주위 근육이 뻣뻣해지고 약해지는 불균형뿐만 아니라 관절도 유연성이 줄어든다. 수건을 이용해 목을 뒤로 젖히면서 관절 가동범위를 증가시키고 목 척추를 부드럽게 하는 관절 운동이다.

시작 자세 　　　　　　　　　운동 자세

1 운동 목적

목 척추 관절을 신전시켜 관절 가동범위를 증가시킨다.

2 운동 방법

앉아서 또는 서서 운동이 가능하다.

3 시작 자세

수건을 양손으로 잡은 후 목 뒤쪽에 놓는다.

4 운동 자세

1. 목을 천천히 뒤로 젖힌다.
2. 수건을 살짝 목 반대쪽으로 당긴다.
3. 시선은 최대한 천장을 바라본 상태로 15초간 유지한다.

 통증이 발생하면 멈춘다.
수건을 세게 당기면 목이 약한 경우 오히려 불안정해질 수 있다. 수건은 가볍게 당긴다.

4) 목 회전 근육 늘리기

목을 옆으로 돌려서 작업하거나 컴퓨터 모니터를 양쪽으로 쓰며 목을 회전하는 작업이 많은 경우 회전 근육들이 짧아진다. 짧아진 근육은 근력 약화가 동반된다. 목을 회전하는 스트레칭을 통해 근육 유연성과 목 척추의 움직임을 증가시키는 운동이다.

근육이 짧아지면

일상생활에 약 70~80%는 근육 수축이 관절 간격이 가까워지는 단축성으로 일어나서 근육이 짧아지는 형태가 된다. 반복된 단축성 수축은 가동범위 감소와 근력이 약화된다. 근육 수축 형태는 근육 길이 변화에 따라 단축성 수축, 신장성 수축, 등척성 수축으로 분류한다.

- **단축성 수축**: 근육이 짧아지는 형태로 수축함
- **신장성 수축**: 근육이 늘어나는 형태로 수축함
- **등척성 수축**: 근육 길이 변화없이 수축함

짧아진 근육은 스트레칭으로 늘려주거나 마사지로 이완해서 늘려야 한다. 그래야 바른 체형을 유지하고, 유연성 및 근력 향상에 도움이 된다.

1 운동 목적

목 회전 근육과 목 회전 가동범위를 증가시킨다.

2 운동 방법

앉아서 또는 서서 운동이 가능하다.

시작 자세	운동 자세

3 **시작 자세**

목을 오른쪽으로 최대한 돌린 후 오른쪽 손바닥을 볼에 놓는다.

4 **운동 자세**

1. 목을 살짝 왼쪽으로 움직인다.

2. 이때 오른쪽 손바닥은 살짝 버티는 느낌으로 7초간 저항을 준 후 유지한다.

3. 오른쪽 손바닥에 저항을 풀고, 목을 다시 오른쪽으로 회전한다.

4. 반대쪽도 번갈아 가며 같은 방법으로 실시한다.

 통증이 발생하면 멈춘다.
손바닥에 강한 저항을 주지 않고 가볍게 버틸 수 있을 정도만 힘을 준다.

5) 견갑거근 늘리기

어깨를 올리는 견갑거근(어깨올림근)은 견갑골(날개뼈) 상각에서 시작해 목 척추 1~4번 횡돌기에 위치한다. 반복적으로 무거운 물건을 자주 드는 직업을 가졌거나 상체를 움츠리거나 잠을 잘못 자거나 할 때 쉽게 삐거나 손상되는 근육이다. 갑자기 목을 좌우로 돌리지 못할 때 견갑거근 손상을 의심할 수 있다.

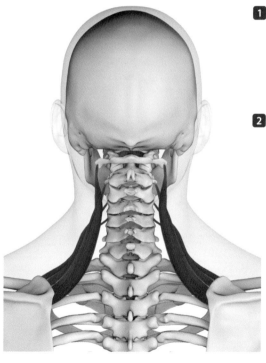

견갑거근

1 운동 목적

견갑거근을 늘려 긴장을 풀고 목 척추의 가동범위를 증가시킨다.

2 운동 방법

앉아서 또는 서서 운동이 가능하다.

시작 자세

운동 자세

③ 시작 자세

1. 목을 왼쪽으로 돌린 후 바닥을 바라본다.
2. 왼쪽 손바닥으로 머리 위에 올려놓는다.

④ 운동 자세

1. 오른쪽 팔꿈치는 구부려 열중쉬어 자세처럼 뒤로 돌린다.
2. 이때 왼손 손바닥으로 머리를 살짝 누르고 15초간 유지한다.
3. 근육이 늘어나는 느낌을 느끼며 강도를 조절한다.
4. 반대쪽도 번갈아 가며 같은 방법으로 실시한다.

 통증이 발생하면 멈춘다.
목을 삐었거나 급성기 때는 견갑거근 늘리기를 하면 안 된다.

6) 목 맥킨지 신전 운동

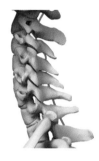

목 신경과 디스크

    팔이 저리거나 당기는 느낌이 있는 경우 목 디스크를 진단받을 수 있다. 이 운동은 목을 뒤로 젖히는 신전 동작을 통해 뒤쪽 또는 옆쪽으로 튀어나온 수핵을 역학적으로 반대로 움직여 목 디스크 증상 개선에 도움이 된다. 또한 목이 앞으로 튀어 나오는 일자목, 거북목 등 체형 교정에도 효과가 있다.

1 운동 목적

목을 신전시켜 목 디스크 증상을 완화시킨다.

2 운동 방법

앉아서 또는 서서 운동이 가능하다.

3 시작 자세

양팔을 위로 들어서 만세 자세를 취한다.

시작 자세

180

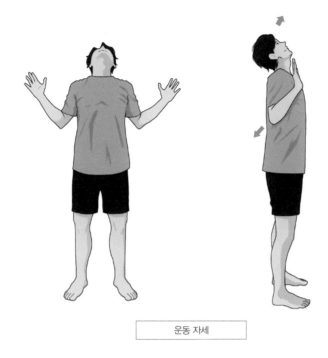

운동 자세

4 운동 자세

1. 목을 천천히 최대한 뒤로 젖힌다.

2. 이때 양쪽 팔꿈치는 화살표 방향으로 구부리며 어깨를 최대한 편다.

3. 시선은 천장을 바라보며 운동 자세를 15초간 유지한다.

 통증이 발생하면 멈춘다.

목에 힘이 많이 들어가면 안 된다.

팔이 많이 저리거나 손가락에 힘이 빠지는 신경학적 증세가 심한 경우 운동을 중지한다.

7) 목 근육 네 방향 안정화 운동

목 주위 근육이 약하다면 목 관절과 근육을 강화하자. 이때 목을 구부리거나 젖히면서 운동하기보다 움직임이 없는 상태에서 목 관절이 재정렬할 수 있는 안정화 운동이 필요하다. 손바닥을 놓는 부위에 따라 약간의 저항을 주며 목 근육을 안정화할 수 있다.

1 운동 목적

목 주위 근육의 근지구력, 근력을 증가시킨다.

2 운동 방법

앉아서 또는 서서 운동이 가능하다.

3 시작 자세

이마, 머리 왼쪽, 오른쪽, 뒤통수에 손바닥을 위치시킨다.

시작 자세

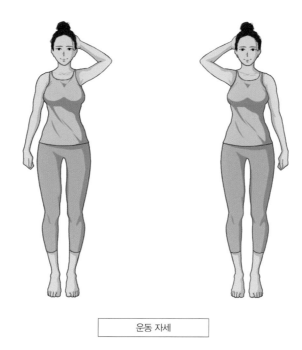

운동 자세

4 운동 자세

1. 이마에 손바닥을 놓고, 머리를 살짝 앞으로 움직이며 2초간 버틴다.

2. 머리 왼쪽에 손바닥을 놓고, 머리를 살짝 왼쪽으로 움직이며 2초간 버틴다.

3. 머리 오른쪽에 손바닥을 놓고, 머리를 살짝 오른쪽으로 움직이며 2초간 버틴다.

4. 머리 뒤에 손바닥을 놓고, 머리를 살짝 뒤로 움직이며 2초간 버틴다.

5. 네 방향으로 번갈아 가며 실시한다.

 통증이 발생하면 멈춘다.

머리를 많이 움직여 손바닥에 강하게 힘주면 안 된다.

살짝 움직이되 그 자세에서 버틴다는 느낌으로 운동한다.

2

구부정하고 뭉친 어깨를
말랑말랑하게

1) 둥근 어깨를 뒤로 돌리기

좁은 공간에서 움츠리며 작업하거나, 사무 작업을 하는 경우 어깨가 앞쪽으로 말린 둥근 어깨(round shoulder)와 구부정한 등으로 이어진다. 둥근 어깨는 어깨힘줄염, 회전근개 손상, 오십견의 원인이 되고, 팔을 들어 올릴 때 특정 각도에서 통증과 움직임 제한이 생기는 어깨 충돌증후군이 된다. 어깨 견갑골(날개뼈)를 중심으로 목, 등은 연결되어 함께 영향을 받기 때문에 견갑골 재정렬과 유연성 운동이 필요하다.

1 운동 목적

견갑골을 후하방으로 회전시켜 둥근 어깨를 펴게 한다.

2 운동 방법

앉아서 또는 서서 운동이 가능하다.

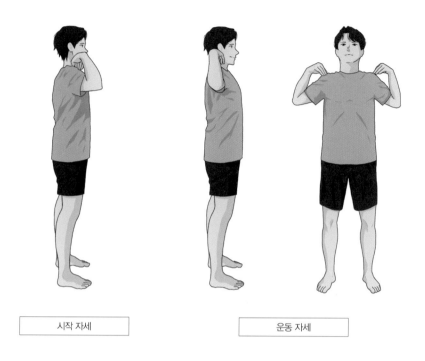

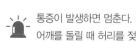
시작 자세

운동 자세

3 시작 자세

양 팔꿈치를 구부려 각각 양어깨 위에 올려놓는다.

4 운동 자세

1. 어깨를 뒤로 원을 그리듯이 움직인다.

2. 어깨를 뒤로 돌릴 때 어깨를 편 상태에서 2초간 유지한다.

3. 20회 반복한다.

통증이 발생하면 멈춘다.

어깨를 돌릴 때 허리를 젖히지 않는다.

어깨를 앞으로 돌리면 둥근 어깨 방향으로 움직이게 되므로 앞으로 돌리지 않는다.

2) 가슴 근육 풀고 늘리기

일상에서 대부분은 앞으로 고개를 숙이거나 몸통을 구부리면서 생활한다. 따로 팔 굽혀 펴기와 가슴 펴는 운동을 하지 않으면 가슴 근육(대흉근, 소흉근)은 짧아진다. 맨몸과 벽 모서리를 이용해 구부정한 어깨와 등이 펴지도록 흉근을 늘릴 수 있다.

1 운동 목적

짧아진 가슴 근육을 이완하고 늘린다.

2 운동 방법 (가슴 근육 풀기)

앉아서 또는 서서 운동이 가능하다.

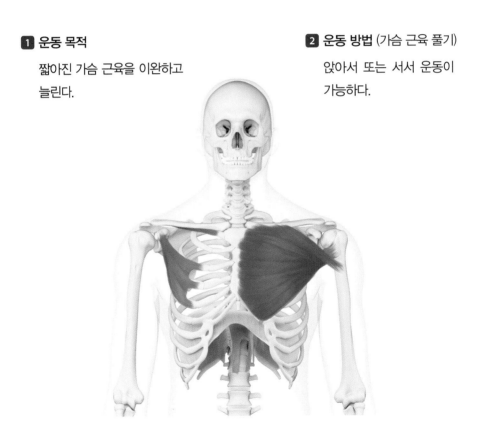

대흉근과 소흉근

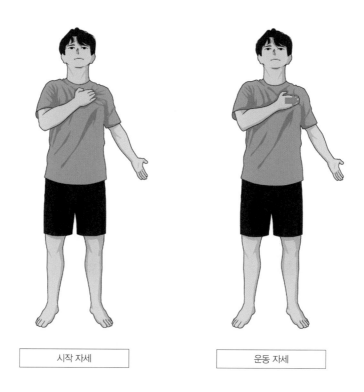

시작 자세

운동 자세

3 **시작 자세**

오른쪽 팔꿈치를 구부리고 검지, 중지, 약지 끝을 가슴 근육에 놓는다.

4 **운동 자세**

화살표 방향으로 움직이며 뭉치거나 뻣뻣한 부위를 눌러준다.

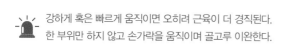 강하게 혹은 빠르게 움직이면 오히려 근육이 더 경직된다.
한 부위만 하지 않고 손가락을 움직이며 골고루 이완한다.

2 운동 방법(가슴 근육 늘리기)

앉아서 또는 서서 운동이 가능하다.

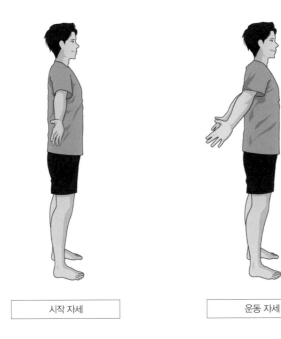

시작 자세 · 운동 자세

3 시작 자세

양팔을 손바닥이 보이게 양옆으로 벌린다.

4 운동 자세

1. 양팔을 최대한 뒤로 펴고 15초간 유지한다.
2. 가슴 근육이 늘어나는 느낌을 확인한다.

 통증이 발생하면 멈춘다.
스트레칭 시 허리가 뒤로 젖혀지지 않도록 아랫배에 살짝 힘을 준다.

3) 어깨 외회전 운동

어깨에 회전근개 근육은 4개이다. 이 중 바깥쪽으로 회전하는 어깨 외회전근 (극상근, 극하근, 소원근)은 어깨 힘줄 또는 근육 손상이 흔한 부위이다. 평소 외회전 근육이 약하거나 가동범위가 적은 경우 외회전 운동을 통해 유연성 향상과 근육 불균형을 줄일 수 있다. 무게가 낮은 아령 또는 500ml 생수통을 들고 하면 저항 운동이 된다.

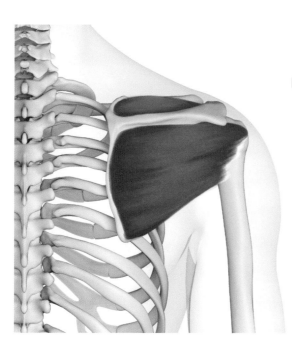

1 **운동 목적**

어깨 외회전근 유연성과 관절 가동범위를 증가시킨다.

2 **운동 방법**

앉아서 또는 서서 운동이 가능하다.

어깨 외회전근

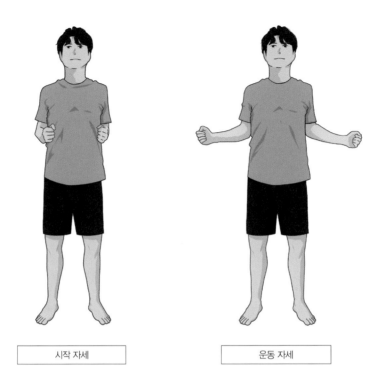

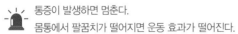

시작 자세

운동 자세

3 시작 자세

양 팔꿈치를 90도로 구부리고 몸통 옆에 붙인다.

4 운동 자세

1. 몸통에 팔꿈치가 떨어지지 않게 유지한 채로 팔을 바깥쪽으로 벌린다.
2. 팔을 바깥쪽으로 최대한 벌리고 2초간 유지한다.

통증이 발생하면 멈춘다.
몸통에서 팔꿈치가 떨어지면 운동 효과가 떨어진다.

4) 흉골근 풀기

사무직 또는 웅크리는 동작으로 작업하는 직업군에 필요한 관리법이다. 평소에 옆으로 누워 새우처럼 구부정하게 자는 사람에게도 유용한 운동이다. 흉골근은 가슴뼈와 가슴 근육인 대흉근과 늑골 3번~7번에 위치한다. 평소 가슴이 답답한 경우가 많다면 흉골근을 풀어 해소할 수 있다.

1 운동 목적

짧아진 흉골근을 이완한다.

2 운동 방법

앉아서 또는 서서 운동이 가능하다.

흉골근

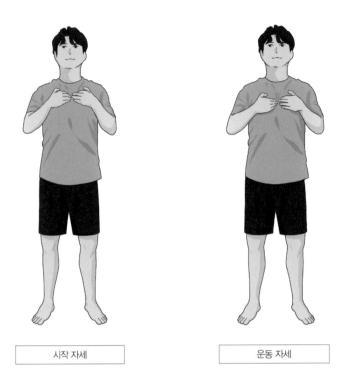

| 시작 자세 |
| 운동 자세 |

3 **시작 자세**

양 팔꿈치를 구부리고 검지, 중지, 약지 끝을 가슴뼈 정중앙에서
1~3cm 부위에 놓는다.

4 **운동 자세**

1. 손가락 끝에 살짝 압력을 주어 위에서 아래로 움직이며 누른다.
2. 뻣뻣하거나 압통이 느껴지는 부위를 살살 풀어 준다.

 통증이 발생하면 멈춘다.
체형이 아주 구부정한 경우 살짝 눌러도 통증이 심할 수 있으니 주의해서 살살 풀어야 한다.

지긋지긋한 팔꿈치(엘보우) 통증을 줄이기 위해

1) 팔꿈치 굴곡(굽힘) 근육 풀고 늘리기

평소 컴퓨터 키보드 작업을 많이 하거나 무게 있는 물건을 반복적으로 나르거나 팔을 많이 쓰는 직업군은 팔꿈치 뻣뻣함과 심하면 통증을 호소한다. 특히 팔꿈치 굽힘 근육은 손으로 쥐거나 비틀거나 손을 많이 쓰는 직업군에서도 문제가 발생한다. 팔꿈치 굽힘 근육을 풀고 늘리면 내측상과염(골퍼 엘보우)를 예방하고 증상을 줄이는 데 도움이 된다.

1 운동 목적
뻣뻣한 팔꿈치 굽힘 근육을 이완하고 늘린다.

2 운동 방법 (팔꿈치 굴곡(굽힘) 근육 풀기)
앉아서 또는 서서 운동이 가능하다.

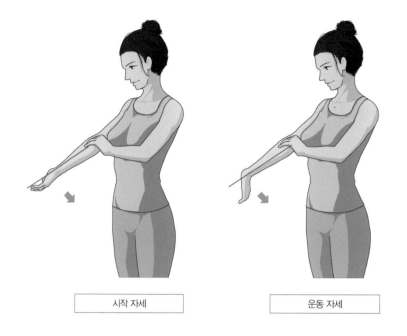

시작 자세   운동 자세

3 시작 자세

1. 오른쪽 팔을 앞으로 뻗는다.
2. 팔꿈치가 구부려지는 부위 안쪽 근육에 왼쪽 검지, 중지, 약지 끝을 놓는다.

4 운동 자세

1. 손가락 끝에 살짝 압력을 주어 위에서 아래로 움직이며 누른다.
2. 손목을 손등 방향 (화살표 방향)으로 움직이며 근육을 최대한 늘린 상태에서 근육을 누른다.
3. 반대쪽도 같은 방법으로 실시한다.

 근육을 너무 세게 누르지 않고 살살 풀어 준다.

2 **운동 방법** (팔꿈치 굴곡(굽힘) 근육 늘리기)

앉아서 또는 서서 운동이 가능하다.

3 **시작 자세**

1. 오른쪽 팔을 앞으로 뻗는다.
2. 오른쪽 손바닥이 앞으로 보이게 한
   후 왼쪽 손바닥으로 오른쪽 손바닥
   을 감싼다.

4 **운동 자세**

1. 왼손으로 오른쪽 손등을 몸통 방향으
   로 눌러 15초 유지한다.
2. 반대쪽도 같은 방법으로 실시한다.

시작 & 운동 자세

 통증이 발생하면 멈춘다.
근육 스트레칭 시 반동을 주지 않고 늘린다.

2) 팔꿈치 신전 근육 풀고 늘리기

평소 팔과 손목을 많이 쓰는 직업에서 문제가 생긴다. 팔꿈치 신전(폄) 근육을 풀고 늘려 외측상과염(테니스 엘보우)를 예방하고 증상을 줄이는 데 도움이 된다.

1 운동 목적

뻣뻣한 팔꿈치 폄 근육을 이완하고 늘린다.

2 운동 방법 (팔꿈치 신전(폄) 근육 풀기)

앉아서 또는 서서 운동이 가능하다.

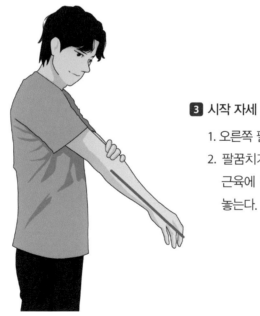

시작 자세

3 시작 자세

1. 오른쪽 팔을 앞으로 뻗는다.
2. 팔꿈치가 구부려지는 부위 바깥쪽 근육에 왼쪽 검지, 중지, 약지 끝을 놓는다.

운동 자세

4 운동 자세

1. 손가락 끝에 살짝 압력을 주어 위에서 아래로 움직이며 누른다.

2. 손목을 손바닥 방향 (화살표 방향)으로 움직이며 근육을 최대한 늘린 상태에서 근육을 누른다.

3. 반대쪽도 같은 방법으로 실시한다.

 근육을 너무 세게 누르지 않고 살살 풀어 준다.

2 **운동 방법** (팔꿈치 신전 근육 늘리기)

앉아서 또는 서서 운동이 가능하다.

3 **시작 자세**

1. 오른쪽 팔을 앞으로 뻗는다.
2. 오른쪽 손등이 앞으로 보이게 한 후 왼쪽 손바닥으로 오른쪽 손등을 감 싼다.

4 **운동 자세**

1. 왼손으로 오른쪽 손바닥을 몸통 방향 으로 눌러 15초 유지한다.
2. 반대쪽도 같은 방법으로 실시한다.

시작 & 운동 자세

 통증이 발생하면 멈춘다.
근육 스트레칭 시 반동을 주지 않고 늘린다.

약하고 뭉친
손과 손목을 위해

1) 손 근육 풀기

손을 많이 쓰며 정교한 작업을 오래 하는 직업군은 엄지와 검지를 모으거나 벌리고 쥐는 동작을 많이 한다. 이런 반복 동작으로 엄지 모음근과 맞섬근이 뭉치면 근력이 약해지고 일할 때 불편해진다.

1 운동 목적

뭉친 엄지 모음근과 맞섬근을
이완시킨다.

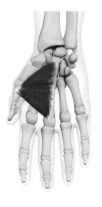
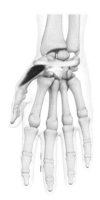

2 운동 방법

앉아서 또는 서서 운동이 가능하다.

| 시작 자세 | 운동 자세 |

3 **시작 자세**

왼쪽 엄지와 검지를 오른쪽 엄지, 검지 사이의 손등과 손바닥 안쪽에 놓는다.

4 **운동 자세**

1. 왼쪽 엄지와 검지를 맞닿게 한다는 느낌으로 가볍게 누른다.
2. 왼팔을 뒤집어 엄지로 손바닥 튀어나온 부분을 눌러준다.
3. 뭉친 부위를 찾아 움직이면서 근육을 풀어 준다.
4. 반대쪽도 동일한 방법으로 실시한다.

2) 손목 근육 풀기

손목을 위·아래·좌·우로 움직이며 손목을 많이 사용하는 직업군이라면 필요한 운동이다. 테이블을 짚거나 미는 동작을 하는 경우 손목이 약해지기도 한다.

1 운동 목적

손목을 지나는 근육을 이완시킨다.

2 운동 방법

앉아서 또는 서서 운동이 가능하다.

3 시작 자세

왼쪽 엄지와 검지를 오른쪽 손목과 위 아래에 놓는다.

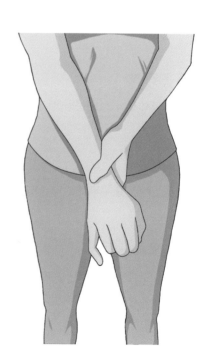

4 운동 자세

1. 왼쪽 엄지와 검지를 맞닿게 한다는 느낌으로 가볍게 누른다.
2. 뭉친 부위를 찾아 옆으로 움직이면서 근육을 풀어 준다.
3. 반대쪽도 동일 방법으로 실시한다.

 너무 세게 누르면 엄지손가락에 무리가 갈 수 있으니 살살 눌러야 한다.
손목 주위 뼈가 많이 움직이면 더 불안정해져서 하면 안 된다.

3) 손가락 굴곡 근육 늘리기

손가락을 펴는 동작을 자주 하는 작업은 많지 않다. 반대로 대부분 손가락을 구부려서 하는 작업은 많이 한다. 손가락 굽힘 근육의 긴장하고 짧아지면 팔, 어깨 근육까지 근력이 약해진다. 평소 쉬는 시간에 손가락 굽힘근 늘리기를 통해 근육, 관절 가동범위를 증가시킬 수 있다.

１ 운동 목적

손가락 굽힘 근육과 관절 가동범위를 늘린다.

２ 운동 방법

앉아서 또는 서서 운동이 가능하다.

３ 시작 자세

양 팔꿈치를 구부리고 양 손바닥을 붙인다.

４ 운동 자세

1. 마주한 양 손가락은 붙이고 손바닥만 최대한 뗀다.
2. 손등과 손가락 등 부분이 최대 90도가 되도록 손가락 굽힘근을 늘린다.

| 시작 자세 | 운동 자세 |

 손가락 손바닥 쪽이 아닌 다른 부위에 통증이 발생하면 멈춘다.
조금씩 각도를 늘려 손가락 굽힘근을 늘린다.

4) 수근관 증후군 예방하기

수근관(손목 터널)은 손목 앞쪽 피부조직 밑에 손목을 이루는 뼈와 인대들에 의해 형성되어 있는 작은 통로를 말한다. 손목을 비트는 동작 등 구조적, 역학적으로 수근관이 좁아지는 동작을 많이 하는 직업군은 수근관을 지나는 정중신경이 눌려서 정중신경 지배 영역에 이상 증상이 나타나는 질환이 생긴다. 수근관 공간을 늘릴 수 있는 스트레칭을 통해 예방관리해야 한다.

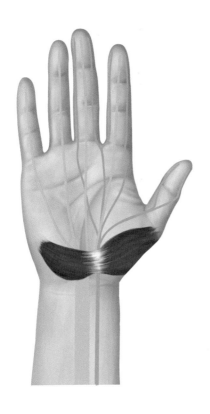

1 운동 목적

수근관 공간 늘리기로 수근관 증후군을 예방관리한다.

2 운동 방법

앉아서 또는 서서 운동이 가능하다.

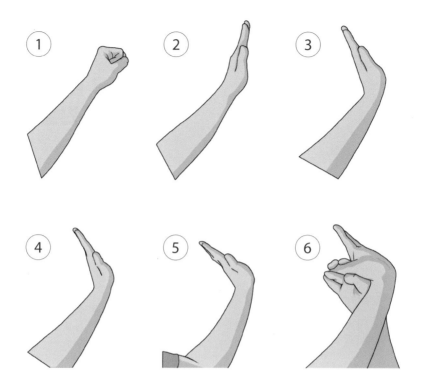

1. 왼손 주먹을 가볍게 쥔다.

2. 엄지와 검지를 붙이고 손바닥을 편다.

3. 2동작에서 손목만 손등 쪽으로 젖힌다.

4. 3동작을 유지한 상태에서 엄지만 옆으로 벌린다.

5. 손목을 더 뒤로 젖힌다.

6. 오른손 손가락을 이용해 엄지와 검지 사이를 벌려 늘린다.

7. 반대쪽도 같은 방법으로 실시한다.

 통증이 발생하면 멈춘다.
손바닥 엄지 쪽 튀어나온 부분이 늘리는 느낌을 느껴야 한다.

5

튼튼하고 강한 허리,
골반을 위해

1) 허리 맥킨지 신전 운동

허리디스크는 허리를 반복적으로 앞으로 숙이거나 비틀었을 때 누적되어 문제가 발생한다. 장시간 앉아 있는 좌업생활도 허리 질환의 요인이 된다. 앉아 있는 자세 자체가 허리를 숙이는 자세이기 때문이다. 허리를 앞으로 숙이면 수핵이 뒤로 튀어나오고, 허리를 숙인 상태에서 비틀면 후방으로 밀린 상태에서 옆으로 튀어나온다. 허리 신전 운동의 원리는 역학적으로 구부려서 후방이나 옆으로 이동한 수핵을 반대로 젖혀서 전방으로 되돌린다.

■ 운동 목적
허리를 신전시켜 허리 디스크 증상을 완화시킨다.

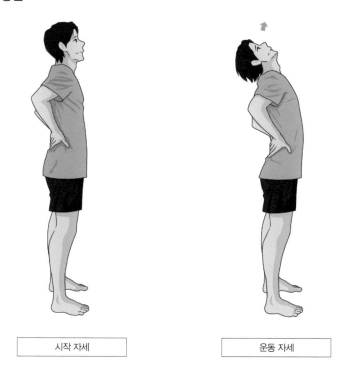

시작 자세   운동 자세

3 시작 자세

양 팔꿈치를 구부려 양 손바닥을 허리 뒤에 놓는다.

4 운동 자세

1. 허리를 천천히 뒤로 젖힌다.
2. 시선은 최대한 천장을 바라본 상태로 15초간 유지한다.

 통증이 발생하면 멈춘다.
허리 근육이 힘이 들어가는 느낌이 들지 않도록 가볍게 실시한다.

2) 골반 경사 조절 운동

앞은 자세가 잘못된 경우나 일하는 패턴에 따라 골반의 경사는 앞쪽(전방 경사) 또는 뒤쪽(후방 경사)으로 기울어진다. 골반과 허리 척추는 연결되어 있고, 많은 근육이 골반과 허리 척추를 가로 지른다. 허리 질환자 중 골반 경사를 잘 조절하는 사람은 드물다. 골반이 기울어지지 않는 중립 상태와 골반을 잘 조절하는 능력은 허리 치료의 기초이자 예방 방법이다.

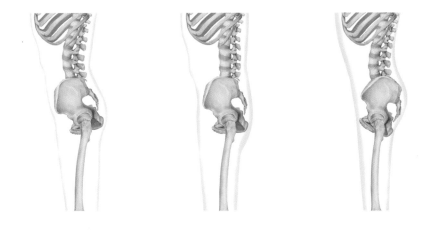

🔳 운동 목적
골반 경사를 조절하고, 골반을 중립으로 유지한다.

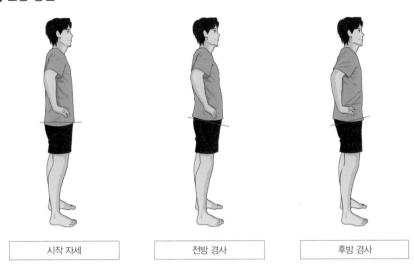

| 시작 자세 | 전방 경사 | 후방 경사 |

3 시작 자세

1. 양 팔꿈치를 구부려 엄지와 검지 아치 사이를 골반에 놓는다.
2. 옆에서 봤을 때 바지선이 평행하게 된 상태를 중립으로 본다.

골반 전방 경사 운동 자세

1. 골반을 앞으로 돌려 유지한다.
2. 시선은 정면을 바라본 상태로 2초간 유지한다.

골반 후방 경사 운동 자세

1. 반대로 골반을 뒤로 돌려 유지한다.
2. 시선은 정면을 바라본 상태로 2초간 유지한다.

 통증이 발생하면 멈춘다. 경사 조절이 잘 안 되는 방향으로 더 운동한다.

3) 고관절 펴기

오랫동안 의자에 앉아 있거나 다리를 위로 들어 올리거나 하는 직업군은 고관절 앞쪽 굽힘 근육이 짧아지고 뻣뻣해진다. 특히 앉아 있는 시간 동안 고관절을 펴는 엉덩이 근육은 일하지 않는다. 엉덩이 근육도 약해지고 골반 조절 능력이 떨어진다. 고관절 펴기는 고관절을 앞쪽을 펴면서 엉덩이를 강화하고 골반 조절 능력을 증가시킨다.

❶ 운동 목적

골반 경사를 조절하고, 엉덩이 근육을 강화시킨다.

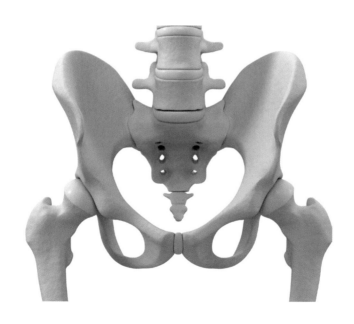

2 운동 방법

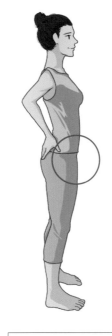

| 시작 자세 | 운동 자세 |

3 시작 자세

1. 무릎과 고관절을 살짝 구부리게 선다.
2. 양쪽 손바닥을 허리 옆에 올려놓는다.

4 운동 자세

1. 고관절 앞쪽 (빨간색 동그라미 부위)가 일자로 펴지도록 똑바로 일어선다.
2. 고관절을 펼 때 엉덩이에 힘이 들어가는 느낌을 확인한다.
3. 시선은 정면을 바라본 상태로 2초간 유지한다.

 통증이 발생하면 멈춘다.
고관절을 펼 때 허리가 젖혀지지 않도록 한다.

4) 허리 옆구리 늘리기

허리를 옆으로 비틀거나 한 방향으로 작업하는 직업군은 옆구리 근육들이 짧아지고 비대칭으로 불균형이 생긴다. 사무직군은 경우 앉아서 가만히 있기만 하고, 허리를 옆으로 구부리거나 회전하는 근육을 쓰지 않아 뻣뻣해진다. 따라서 비대칭과 비사용으로 인한 근육 불균형 개선을 위해 허리 옆구리 늘리기가 필요하다.

1 운동 목적

허리 옆구리 근육을 늘리고 척추 가동범위를 증가시킨다.

2 운동 방법

시작 자세

3 시작 자세

1. 왼쪽 팔꿈치를 구부리고 손바닥을 뒤통수에 놓는다.
2. 오른쪽 손바닥은 허벅지 옆에 가볍게 놓는다.

운동 자세

4 운동 자세

1. 오른쪽으로 몸통을 구부린다.

2. 이때 오른쪽 손바닥을 허벅지를 타고 내려 가듯 최대한 늘린다. 15초간 유지한다.

3. 근육이 늘어나는 느낌을 느끼며 15초간 유지한다.

4. 반대쪽도 번갈아 가며 같은 방법으로 실시한다.

 통증이 발생하면 멈춘다.
허리를 삐거나 급성기 때는 옆구리 늘리기를 하면 안 된다.

5) 허리 크게 돌리기

　한 자세로 오래 일하는 직업군은 신체를 큰 범위로 움직이는 경우가 드물다. 업무 전이나 쉬는 시간, 스포츠 활동을 하기 전 허리 돌리기를 하면 좋다. 허리 돌리기는 허리, 골반, 고관절을 동시에 돌리면서 관절 가동범위를 증가시킨다.

1 운동 목적
　허리 옆구리 근육을 늘리고 척추 가동범위를 증가시킨다.

2 운동 방법

3 시작 자세
　양 팔꿈치를 구부리고 손바닥은 허리 뒤에 놓는다.

시작 자세

운동 자세

4 운동 자세

1. 오른쪽으로 몸통을 360도 크게 돌린다.
2. 반대로 왼쪽으로도 몸통을 360도 크게 돌린다.

 통증이 발생하면 멈춘다.
허리를 삐거나 급성기 때는 허리 크게 돌리기를 하면 안 된다.

6

부드럽고 유연한
고관절을 위해

1) 장요근 늘리기

대퇴골에서 골반, 허리로 지나가는 근육과 고관절에서 무릎으로 지나가는 근육은 허리, 골반, 무릎 손상과 통증에 상호 영향을 미친다. 의자에 앉아서 오랫동안 일하거나 쭈그리는 직업은 고관절, 무릎에 무리가 많이 간다. 장요근이 짧아진 경우 허리가 잘 젖혀지지 않고 고관절에서 소리가 나기도 한다. 평소 장요근을 잘 늘릴 필요가 있다.

■ 운동 목적
장요근을 늘리고 고관절 가동범위를 증가시킨다.

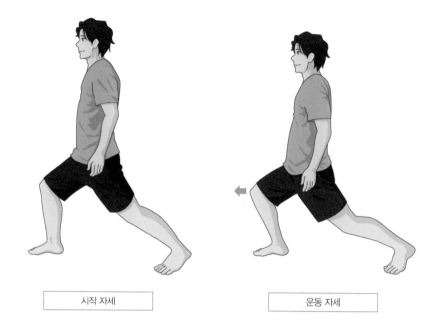

시작 자세

운동 자세

3 시작 자세

1. 오른쪽 다리를 앞으로 내밀고 왼쪽 다리를 무릎을 펴고 뻗는다.
2. 시선은 정면을 바라보고 몸통을 세워 준비한다.

4 운동 자세

1. 오른쪽 무릎을 앞으로(화살표 방향) 더 구부리고 15초간 균형을 유지한다.
2. 왼쪽 고관절 앞쪽에 위치한 장요근과 고관절 굽힘 근육이 늘어나는지 느낀다.
3. 반대쪽도 같은 방법으로 실시한다.

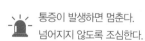 통증이 발생하면 멈춘다.
넘어지지 않도록 조심한다.

2) 대퇴직근 늘리기

평소 오래 앉아 있는 경우 고관절 굽힘 근육이자 무릎 폄 근육인 대퇴직근이 짧아져 있다. 고관절과 무릎 관절을 동시에 지나는 다관절 근육을 늘려 고관절과 무릎 관절의 뻣뻣함을 줄여 유연성을 증가시킨다.

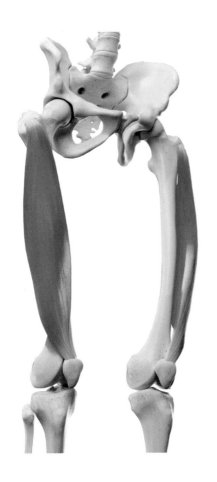

1 운동 목적

대퇴직근을 늘리고 고관절과 무릎 관절의 유연성을 증가시킨다.

2 운동 방법

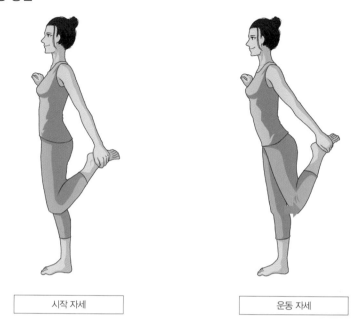

시작 자세   운동 자세

3 시작 자세

　1. 왼쪽 다리를 구부리고 왼쪽 손으로 발등을 잡는다.

　2. 오른쪽 다리는 지면에 대고 중심을 잘 유지한다.

4 운동 자세

　1. 왼손으로 허벅지를 뒤로(화살표 방향) 당기며 대퇴직근을 늘리고 15초간 유지한다.

　2. 허벅지 앞쪽에 위치한 대퇴직근이 잘 늘어나는지 느끼고 강도를 조절한다.

　3. 반대쪽도 같은 방법으로 실시한다.

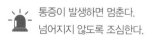 통증이 발생하면 멈춘다.
넘어지지 않도록 조심한다.

219

3) 고관절 내전근 늘리기

다리를 모으고 앉거나 서 있는 직업군은 허벅지를 안쪽으로 모으는 고관절 내전근(허벅지 모음근)이 쉽게 짧아진다. 다리를 최대한 일자로 벌리는 스트레칭을 통해 늘릴 수도 있지만, 서서 다리를 벌려 몸통을 돌리는 동작으로 고관절 내전근의 유연성을 증가시킬 수 있다.

1 운동 목적

고관절 내전근을 늘리고 고관절과 무릎 관절의 유연성을 증가시킨다.

2 운동 방법

3 시작 자세

1. 양발을 어깨너비보다 최대한 넓게 벌린다.
2. 양 손바닥을 무릎 위 허벅지 위에 가볍게 놓는다.

시작 자세

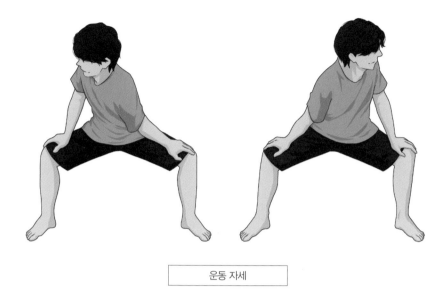

운동 자세

4 운동 자세

1. 오른쪽으로 몸통을 최대한 돌리며 자세를 유지한다.

2. 허벅지 안쪽에 고관절 내전근이 당기는지 느끼며 15초간 유지한다.

3. 반대쪽도 같은 방법으로 실시한다.

 통증이 발생하면 멈춘다.
근육을 늘릴 시 몸을 튕기는 반동을 일으키지 않는다.

7

평생 잘 걷는
강철 무릎을 위해

1) 슬개골 네 방향 움직이기

　오랫동안 앉아 있거나 무릎을 쪼그리거나 많이 걷는 등 무릎을 가만히 있거나 반대로 많이 사용하는 모든 직업군에 필요하다. 특히 평상시 쪼그려 앉아서 작업하는 사람은 무릎 앞쪽에 동그랗게 뚜껑처럼 있는 슬개골(뚜껑뼈) 움직이기를 통해 관절을 부드럽게 보호할 수 있다.

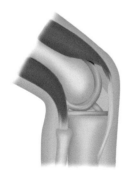

1 운동 목적
슬개골을 네 방향으로 움직여 무릎
관절 유연성을 증가시킨다.

운동 방법

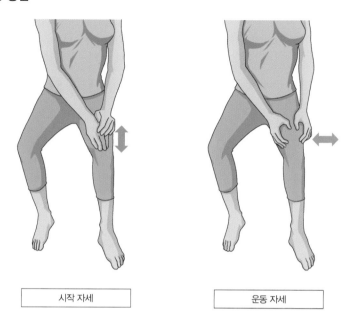

<table>
시작 자세 | 운동 자세
</table>

3 시작 자세

   1. 의자에 앉은 후 왼쪽 다리를 앞으로 뻗는다.

   2. 오른 엄지, 중지, 검지 끝을 슬개골을 감싸 쥐듯이 가볍게 잡고 반대 손을 포갠다.

4 운동 자세

   1. 슬개골을 화살표 방향처럼 위–아래 또는 좌–우로 네 방향으로 움직인다.

   2. 뻣뻣해서 잘 움직이지 않는 방향을 찾아 집중적으로 움직인다.

 통증이 발생하면 멈춘다.
슬개골을 잡은 손에 너무 힘을 주거나 세게 누르거나 움직이지 않는다.

2) 슬개건 풀기

허벅지 앞쪽의 큰 근육인 대퇴사두근은 슬개골을 거쳐 힘줄(슬개건)로 바뀐다. 오르막길 또는 계단을 오르거나 내려갈 때 등 경사진 곳을 걷는 경우나 무릎을 구부렸다 폈다 하는 동작이 많은 직업군은 무릎에 부하가 클수록 이 슬개건(뚜껑뼈 힘줄)에 스트레스가 많이 받아 뻣뻣해지고 충격 흡수력이 감소한다. 슬개건 풀기를 통해 무릎 부하로 쌓인 스트레스를 줄일 수 있다.

1 운동 목적

슬개건 풀기를 통해 무릎 관절을 유연성을 증가시킨다.

2 운동 방법

3 시작 자세

1. 의자에 앉은 후 왼쪽 다리를 앞으로 뻗는다.
2. 오른쪽 엄지 끝을 슬개골 밑에 힘줄에 놓는다.

시작 자세

운동 자세

4 운동 자세

1. 슬개건을 화살표 방향처럼 좌-우로 문지른다.
2. 뻣뻣해서 잘 움직이지 않는 방향을 찾아 집중적으로 움직인다.

 통증이 발생하면 멈춘다.

3) 햄스트링과 종아리 늘리기

앉아서 일하는 직업군은 허벅지 뒤쪽에 큰 근육인 햄스트링과 종아리 근육이 짧아지고 뭉친다. 휴식 시간 없이 오랫동안 앉아 있는 경우 이 근육들은 더 붓고 혈액순환에도 문제를 준다. 의자에 앉아 햄스트링과 종아리를 동시에 늘려서 짧아진 근육을 늘린다.

1 운동 목적

햄스트링과 종아리 근육을 유연성을 증가시킨다.

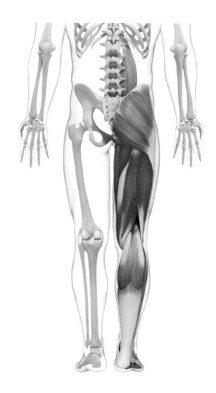

2 운동 방법 (의자에 앉아서 늘리기)

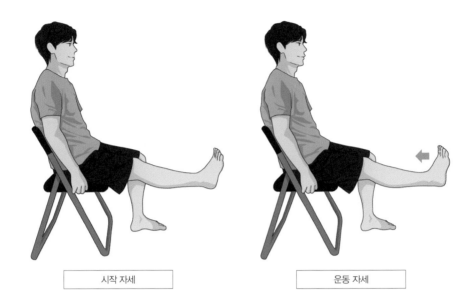

시작 자세　　　　　　　　　　　　　　　운동 자세

3 시작 자세

의자에 앉은 후 오른쪽 다리를 앞으로 뻗는다.

4 운동 자세

1. 발목을 발등 방향 (화살표 방향)으로 당겨 15초 유지한다.
2. 반대쪽도 같은 방법으로 실시한다.

저리거나 통증이 발생하면 멈춘다.

4) 미니 스쿼트

허벅지 앞쪽 근육인 대퇴사두근 중에 안쪽에 있는 내측광근은 따로 운동하지 않으면 쉽게 약해진다. 미니 스쿼트와 같은 내측광근을 자극하는 운동을 하지 않으면 바깥쪽의 큰 허벅지 근육은 외측광근, 중간광근 등이 바깥으로 쏠려 당기며 무릎 관절은 불균형 상태가 된다. 미니 스쿼트는 지면에 체중을 딛고 내측 광근을 근력 강화해 무릎 균형을 위한 운동이다.

1 운동 목적

내측광근 근력을 강화한다.

2 운동 방법

시작 자세

3 시작 자세

1. 서 있는 상태에서 팔꿈치를 구부려 가슴에 교차해 놓는다.
2. 무릎 간격은 11자가 되게 위치하고 약간 안쪽으로 모은다.

운동 자세

4 운동 자세

1. 몸통을 똑바로 세운 상태에서 천천히 쪼그려 앉는다.

2. 이때 깊게 앉지 않고 운동 자세(옆 모습)만큼 내려간 후 2초 유지한다.

3. 허벅지 안쪽에 힘이 들어오는지 확인한다.

 통증이 발생하면 멈춘다.
너무 깊게 앉아 바깥쪽 근육에 힘이 들어오면 운동 효과가 떨어진다.

8

붓기 없는 종아리와
안정적인 발목을 위해

1) 종아리 근육 풀고 늘리기

오래 서 있거나 높은 굽 신발을 신고 오래 걷거나 앉아 있는 경우 모두 종아리와 발목에 무리가 간다. 앉아서 종아리 풀기를 통해 붓기와 뻣뻣함을 줄일 수 있다.

1 운동 목적

종아리 근육을 이완시킨다.

2 운동 방법 (앉아서 종아리 풀기)

| 시작 자세 | 운동 자세 |

3 시작 자세

    1. 의자에 앉은 후 오른쪽 다리를 왼쪽 허벅지 위에 올려놓는다.

    2. 양손을 종아리 근육에 올려놓는다.

4 운동 자세

    1. 양손을 넓게 종아리 근육을 잡고 화살표 방향으로 움직이며 근육을 풀어 준다.

    2. 이때 엄지 쪽으로 더 뭉치거나 뻣뻣한 곳을 찾아 집중적으로 이완한다.

    3. 반대쪽도 같은 방법으로 실시한다.

 손과 손목이 아프면 멈춘다.

2 **운동 방법** (벽 잡고 종아리 늘리기)

| 시작 자세 | 운동 자세 |

3 **시작 자세**

1. 벽에 양 손바닥을 대고 선다.
2. 오른쪽 다리를 앞으로 구부리고 왼쪽 다리는 편다.

4 **운동 자세**

1. 오른쪽 다리를 앞으로 최대한 구부린다.
2. 이때 왼쪽 종아리 근육이 늘어나는 느낌을 느끼며 자세를 15초 유지한다.
3. 반대쪽도 같은 방법으로 실시한다.

 저리거나 통증이 발생하면 멈춘다.

2) 발목 360도 돌리기

평소 무거운 물건을 들어 발목 관절이 압박되거나 발목을 늘리지 않으면 발목 관절이 뻣뻣해진다. 발목 돌리기를 통해 유연성을 증가시킨다.

1 운동 목적

발목 관절 가동범위를 증가시킨다.

2 운동 방법

3 시작 자세

의자에 앉아 두 발을 지면에서 뗀다.

시작 자세

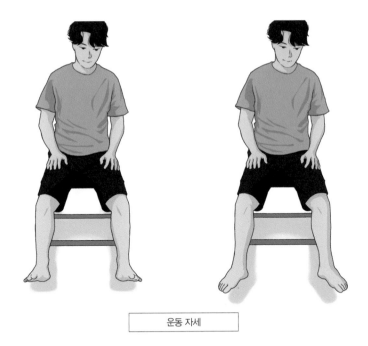

운동 자세

4 운동 자세

1. 발목을 원을 그리듯이 360도로 돌린다.
2. 안쪽과 바깥쪽으로 방향을 번갈아 가며 실시한다.

 통증이 발생하면 멈춘다.

3) 발목 바깥 인대 풀기

높은 굽 신발을 신거나 계단을 내려 가다 자주 삐끗하게 되는 경우 발목 바깥 인대들이 염좌(삠)이 종종 발생한다. 급성기(손상 3일 이내)에는 경미한 경우 휴식을 취하며 쉰다. 심한 경우 병원에서 치료를 받아야 한다. 한 번 발목을 심하게 삔 경우 발목은 만성적으로 불안정해진다. 발목 염좌가 회복되는 과정에서 바깥 인대 주위에 뻣뻣해지는 유착이 생기므로 잘 풀어줘야 회복이 빠르고 움직임이 좋아진다.

1 운동 목적

유착된 발목 바깥 인대 주위를 이완시킨다.

2 운동 방법

3 시작 자세

1. 의자에 앉은 후 왼쪽 다리를 오른쪽 허벅지 위에 올려놓는다.
2. 검지, 중지, 약지 손가락 끝을 발목 복숭아뼈 아래 놓는다.

시작 자세

운동 자세

4 운동 자세

1. 손가락 끝을 이용해 화살표 방향으로 살짝 누르며 뻣뻣한 부위를 풀어 준다.

2. 더 뭉치거나 뻣뻣한 곳을 찾아 집중적으로 이완한다.

3. 반대쪽도 같은 방법으로 실시한다.

 손과 손목이 아프면 멈춘다.

4) 한발 서기

  일하면서 한쪽으로 체중을 싣고 기대는 경우나 한쪽으로 동작이 많이 일어나는 직업군은 좌우 균형력이 떨어지는 경우가 많다. 낙상 예방과 몸의 균형을 위해 한발 서기와 같은 균형 운동이 필요하다.

1 운동 목적

  균형력과 고유수용성 감각을 증가시킨다.

2 운동 방법

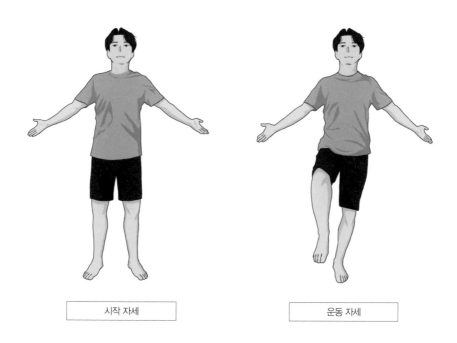

| 시작 자세 | 운동 자세 |

3 시작 자세

정면을 보고 똑바로 선 자세에서 양팔을 옆으로 벌린다.

4 운동 자세

1. 오른쪽 무릎을 구부려 지면에서 발을 뗀 후 한발 서기를 유지한다.

2. 단계적으로 한발 서기를 30초 유지할 수 있게 늘려나간다.

3. 반대쪽도 같은 방법으로 실시한다.

 통증이 발생하면 멈춘다.
넘어지지 않도록 조심한다.

통증 없는 직장생활

초판인쇄 2025년 01월 24일
초판발행 2025년 01월 24일

지은이 안병택 · 최한솔
발행인 채종준

출판총괄 박능원
책임편집 유나 · 구현희
디자인 홍은표
마케팅 안영은
전자책 정담자리
국제업무 채보라

브랜드 라라
주소 경기도 파주시 회동길 230 (문발동)
투고문의 ksibook13@kstudy.com

발행처 한국학술정보(주)
출판신고 2003년 9월 25일 제406-2003-000012호
인쇄 북토리

ISBN 979-11-7318-137-5 03300

라라는 건강에 관한 도서를 출간하는 한국학술정보(주)의 출판 브랜드입니다.
라라란 '흥겹고 즐거운 삶을 살다'라는 순우리말로,
건강을 최우선의 가치로 두고 행복한 삶을 살자는 의미를 담고 있습니다.
'건강한 삶'에 대한 이정표를 찾을 수 있도록, 더 유익한 책을 만들고자 합니다.